全国教育科学“十五”规划教育部重点课题子课题《沿海经济发达地区中心城市教师专业发展推进策略与模式研究》研究成果。总课题编号：FFB011147

“教师专业发展丛书”编委会

教师专业发展丛书　丛书主编　蔡笑岳

教师专业发展与网络远程培训

——中小学教师继续教育网络远程培训的理论与实践

Teacher Professional Development & Long-distance Network Training

主　编　蓝培安　副主编　李富潮　吕贵香

暨南大學出版社
JINAN UNIVERSITY PRESS
中国·广州

目　录

前　言

随着人们对教育重要性认识的深入和教育改革的推进，教师专业发展已成为一个为社会日益重视的问题。

21世纪，教育已被视为应对未来种种挑战，使人类朝着和平、自由和社会正义迈进的一张必不可少的王牌。[①] 人们对高质量的教育充满希望和期待，而高质量的教育有赖于高水平的教师。高水平的教师虽然可以从多种维度去描绘，比如，不仅应该有知识、有学问，而且应该有道德、有理想、有专业追求；不仅是学位高起点的人，而且是终身学习、不断自我更新的人；不仅是学科的专家，而且是教育的专家，等等，但这些描绘聚焦为一点，就是教师的专业发展。一个高水平的教师应该是具有专业发展意识、专业发展追求、专业发展能力和专业发展行动的人。

教育改革的深入，特别是基础教育新课程改革的实施，对教师的专业发展提出了内在的要求，对教师的教育观念和教育行为提出了全面而深刻的挑战。它要求教师反思、完善甚至转变许多习以为常的教学方式、教学行为及潜伏在其后的教育观念。新课程改革能否达到预期目标，在相当大的程度上取决于能否拥有一支高专业素养的师资队伍，一支拥有新课程理念，并能通过自己的教育教学行为来实现新课程理念的师资队伍。因此，强调并通过多种途径来促进教师的专业发展成为当前推进新课程改革的重要举措。

正是在上述背景下，我们特别关注教师专业的发展。受广州市教育局的委托，我们于2004年承担了全国教育科学“十五”规划教育部重点课题“新课程师资培训策略与有效模式研究与实验”的子课题“沿海经济发达地区中心城市教师专业发展推进策略与模式研究”的研究任务。几年来，我们立足于广州，组织了一支由教育学、心理学研究人员，第一线的中小学教师和各级教育行政人员组成的研究团队；以广州大学教育学院为依托，以广州市一些中小学为实践基地，综合运用文献研究、调查研究、理论研究、行动研究、个案研究等多种研究方法，围绕教师专业的发展进行了广泛且较为深入的理论探讨与实践探索。课题的研究丰富和深化了研究团队对教师专业发展及其推进策略的认识，并有效地促进

---

① 联合国教科文组织总部中文科．教育——财富蕴藏其中：国际21世纪教育委员会报告．北京：教育科学出版社，1996

了相关学校、相关教师的专业发展。在课题研究的过程中，我们深感仅仅局限于课题研究团队内部的科研活动，难以完成较大范围的提升教师专业发展水平的重任。由此，我们萌发了撰写一套“教师专业发展丛书”的念头，意在面向广大中小学教师，为他们的专业发展提供必需的理论参考和实践指导。

教师的专业发展，特别是在职教师的专业发展，既需要拥有先进的教育教学理念，又需要有与教育改革和发展精神相适应的教育教学行为。教师的专业发展通过教师的专业活动来实现、来体现。鉴于此，本套丛书便主要以教师的专业活动及所涉及的活动领域、环境为选题取向，具体包括教师发展新理念、教师专业发展与教育科研、教师专业发展与学生成长、教师专业发展与课程研发、教师专业发展与教学智慧、教师专业发展与现代教育技术、教师专业发展与学校文化等内容。另外，实践中的教师专业的发展是通过一个个具体的教师来实现的，因此，我们以广州市的一些优秀教师为个案，对他们的成长轨迹进行了探索。

本套丛书力图从中小学教师专业发展的实际需要出发，注重必要的理论引领与生动的案例分析相结合，突出专业性、应用性、操作性、可读性，可为广大中小学教师培训、自学提供借鉴，也可为高校相关专业的学生的学习、研究提供参考。需要说明的是，丛书之间虽有一定的联系，但每册均自成体系。读者可根据自己的兴趣和实际需要有针对性地进行阅读。

本套丛书由广州大学教育学院蔡笑岳教授任主编，各分册则由该册的编写者完成，在丛书的编写过程中，广州大学教育学院的雷晓云博士协助主编做了大量的工作。我们希望，本套丛书能够为广大教师的专业发展提供一定的帮助。由于教师专业发展自身及影响因素的复杂性，加之编写者的水平所限等，丛书中难免有纰漏乃至错误之处，还望广大读者能够谅解，并不吝赐教。

编 委 会

2009年1月于广州

第一章 中小学教师网络远程培训的现实需求

内容提要

本章主要从教师专业化的需要出发，探讨了中小学教师继续教育的网络远程培训的现实意义。本章的主要内容包括：

1. 开展网络远程培训是教师专业化的要求
2. 开展网络远程培训是素质教育的要求
3. 开展网络远程培训是基础教育课程改革的要求
4. 开展网络远程培训是提高教师教育技术能力的要求

第一节 中小学教师网络远程培训概述

一、网络远程培训的概念

网络远程培训是远程教育的组成部分，尽管世界各地对远程教育的理解存有差异，管理模式和技术手段也不尽相同，但其对远程教育的一些最基本特征的认识还是一致的。著名远程教育专家德斯蒙德·基更对远程教育下的基本定义是：远程教育是教育努力开拓的一个领域，在这个领域里，在整个学习期间，学生和教师处于准永久性分离状态；学生和学习集体在整个学习期间处于准永久分离状态；技术媒体代替了常规的、口头讲授、以集体学习为基础的人际交流。它相当于一个工业化的教育过程。丁兴富教授认为，远程教育是一种新型的教育形态，是相对于传统教育而言的，是一种非连续面授教育。

（一）远程教育的概念

远程教育是指学员利用各种学习资源，在没有指导教师的连续面授指导情景下的学习行为活动。凡是学员利用各类技术媒体独立自主的学习，基于资源的开放灵活的学习，通过网络的学习或移动学习等都应视为远程教育。由此可见，在远程教育中，教学是由指导教师通过技术媒体而不是连续面授为学员发送课程材料，并利用双向通信设施对学员的远程学习进行指导或辅导。教学活动是在非连续面授指导的情景中，指导教师和学员通过各类教育资源和双向通信来实现教学的双边交流活动。

（二）网络远程培训的定义

网络远程培训是指通过网络传输媒体，由各类学校或其他社会机构组织实施的远程教学和远程学习，以传输专业知识技能和培养学员综合素质等为目的的远程教育活动。

二、网络远程培训的特征

网络远程培训是现代教育传播技术和学习理论、教育理论、传播理论等综合发展的产物，它是应社会需求而产生的一种新型的培训模式。在这种培训模式下，指导教师与学员之间在时空上是分离的，以学员为中心，运用现代传媒技术来传递和反馈信息，以求获得最大的培训效益。

网络远程培训具有网络教育的一般特征。网络教育是一种基于计算机技术、网络技术和通信技术而进行知识传输和知识学习的新型教育形式，它代表了现代远程教育中先进技术和实用性的有效结合，是现代远程教育发展的主流模式。其基本特征是：第一，最大限度地利用各种资源。各种教育资源通过网络突破了空间距离的限制，使学校的教育成为可以超出校园范围，向更广泛的地区辐射的开放式教育。名牌学校更可以充分发挥自己的学科优势和教育资源优势，把最优秀的教师和最好的教学成果通过网络传播到五湖四海，从而促进地区间的教育交流，使教育不发达地区的学生同样可以接受高水平的教育。第二，跨时空的学与教。网络技术应用于远程教育，使得任何人在任何时间、任何地点从任何章节开始学习任何课程。第三，双向互动，实时全交互。教师与学生、学生与学生之间，通过网络进行全方位的交流，拉近了教师与学生的心理距离，增加了教师与学生的交流机会和范围。通过计算机对学生提问类型、人数、次数等进行的统计分析，使教师了解到了学生在学习中遇到的疑点、难点和主要问题，从而更加有针对性地指导学生。第四，个性化教学。在网络教育中，运用计算机网络所特有的信息数据库管理技术和双向交互功能，不但可以实现系统对每个网络学员的个性资料、学习过程和阶段情况等的系统跟踪记录，而且教学和学习服务系统可根据系统记录的个人资料，针对不同学员提出个性化的学习建议。网络教育为个性化教学提供了现实有效的实现途径。第五，自动化远程管理。计算机网络的数据库信息自动管理和远程互动处理功能，同样被应用于网络教育的教学管理中。远程学生的咨询、报名、交费、选课、查询、学籍管理、作业与考试管理等都可以通过网络远程交互通信的方式完成。

另外，网络远程培训还具有如下特征：一是指导教师与学员相互分离；二是高校或学术机构对其具有重要的影响；三是以学员为中心；四是运用网络传播媒体，形成多媒体教学系统；五是双向传播交流的必然性与可能性；六是工业化的培训形式。

第二节　开展网络远程培训是教师专业化的要求

教师专业化在国外早已受到广泛的关注，这一话题具有国际性和发展性。自国际劳工组织和联合国教科文组织于1966年发表《关于教师地位的建议》以来，教师职业是专业性职业，或者应该看作是一个专业性职业，逐渐成为国际教育界的共识。①

我国也开始重视教师专业化问题，对这一问题的认识和实践已经历了漫长的过程，至今还在不断地探索，它还是一个有待继续解决的问题。在我国，要解决教师专业化问题，中央和地方各级政府的政策导向和支持、教育行政部门的实施策略以及广大教师自身的不懈努力，这三方面的努力缺一不可。

一、教师专业化

教师专业化是指教师职业具有自己独特的职业要求和职业条件，有其专门的培养制度和管理制度。"专业化这一概念有两个维度：地位的改善与实践的改进。前者作为满足一个专业性职业的制度，进而从地位方面要求的过程，将教师职业作为一个职业，在多大程度上获得了作为专业性职业的地位问题。后者作为通过改善实践者的知识和能力来改进所提供服务的质量的过程，关注的是教师在展开教育行为时使用了多少专业知识技术的问题。"② 因此，教师的专业化包括下面四层含义：一是教师专业既包括学科专业性，也包括教育专业性，国家聘用教师既有规定的学历标准，又有必要的教育知识、教育能力和职业道德的要求；二是国家有教师教育的专门机构、专门教育内容和措施；三是国家有对教师资格和教师教育机构的认定制度和管理制度；四是教师专业发展是一个持续不断的过程。另外，教师专业化也是一个发展的概念，它既是一种状态，又是一个不断深化的过程。

我国的所有公办学校教师都归属各级教育局或主管部门管理，各级教育局或

---

① 张贵新．对教师专业化的理念、现实与未来的探讨［J］．外国教育研究，2002（2）

② 叶澜．清思、反思、再思——关于"素质教育是什么"的再认识［J］．人民教育，2007（2）

主管部门建立了各学科的教学研究会。1994 年 1 月 1 日起施行的《教师法》以及 1995 年 12 月 12 日发布的《教师资格条例》，规定了教师入职的学历、普通话水平、教育知识、教学技能和身体素质的门槛，政府的这些措施和做法有效地确保了教师的专业地位。

教师的专业发展关乎教师的知识与能力。教师的知识必须随着教育事业的发展而不断更新，教育教学的能力也必须不断加强。教师职业有自己的理想追求，有自身的理论武装，有自觉的职业规范和高度成熟的技能技巧，具有不可替代的独立特征。教师不仅是知识的传递者，而且是道德的引导者，思想的启迪者，心灵世界的开拓者，情感、意志、信念的塑造者。教师不仅需要知道传授什么知识，而且需要知道怎样传授知识以及怎样针对不同的学生采取不同的教学策略。

为了促进教师的专业化发展，教师培训机构应运而生，教师培训工作也因此而诞生。我国从 20 世纪 50 年代开始就已经进行教师的在职培训。1998 年以来，在国家有关部门的倡导下，发布了《中小学教师继续教育规定》，中小学教师继续教育工作（或称教师培训）在全国如火如荼地开展，至今方兴未艾。

我国政府很重视教师的专业化发展，把提高教师的素质放在优先发展的地位上。广大教师在政策的指导下，踊跃地参加各种培训和学习，不断地给自己充电、加油，包括学历和非学历的培训，以适应社会日益激烈的竞争。然而，实现教师专业化还有许多工作要做，要走的路还很长。

可以说，教师职业的专门化既是一种认识，更是一个奋斗过程；既是一种职业资格的认定，更是一个终身学习、不断更新的自觉追求。

二、教师专业化发展现状

教师职业是不是一个可与医生、律师相提并论的专门职业？教师的专业化程度究竟如何？这是各国学者长期探讨的问题。现代教师职业是一个要求从业者具有较高的专业知识、技能和修养的专业。从专业职业的特征来看，教师职业离成熟专业的标准还有一定差距，教师职业是一个“形成中的专业”，教师专业化是一个不断深化的过程。

在教师专业化的进程中，经历了从追求教师职业的专业地位和权利到把重心转向教师的专业发展的发展过程，20 世纪 80 年代以来，教师的专业发展成为教师专业化的方向和主题。人们逐渐认识到，提高教师专业地位的有效途径就是不断改善教师的专业教育，以促进教师的专业发展。只有不断提高教师的专业水平，才能使教学工作成为受人尊敬的一种职业，成为具有较高社会地位的一种职业。近年来，随着信息技术的高速发展，经济全球化的进程日益加快，社会对教师工作质量和效益的要求空前提高。在这一背景之下，进行以教师专业化为核心的教师教育的改革，已成为世界教育与社会发展的共同要求。

我国有关法律已经为推进教师专业化提供了基本的制度保证。1994 年我国开始实施的《教师法》规定：“教师是履行教育教学职责的专业人员。”这是我国第一次从法律角度确认了教师的专业地位。1995 年国务院颁布了《教师资格条例》，2000 年教育部颁布《教师资格条例实施办法》，自此，教师资格制度在全国开始全面实施。2000 年，我国出版的第一部对职业进行科学分类的权威性文献《中华人民共和国职业分类大典》，首次将我国职业归并为八大类，教师属于“专业技术人员”一类。2001 年 4 月 1 日起，国家首次开展全面实施教师资格认定工作，从而使教师专业化进入实际操作阶段。

教师专业化发展离不开教师的继续教育。从 1998 年颁布《中小学教师继续教育规定》算起，至今已经历了整整十个年头，应该说，继续教育的必要性和重要性已经深入人心。继续教育体现在实践中主要是采用多种方式对教师进行培训。实践证明，培训是提高中小学教师综合素养和他们的现代教育教学水平的好方法。但是，传统的培训方式，如集中培训，虽然也是一种重要的方式，但也有很多不足之处，如人员需要集中，需要一定的经费等。另外，在多数情况下，受训人员水平参差不齐，培训的结果往往是水平高的“吃不饱”，水平低的“吃不了”，效果大都不太理想。如果集中培训的目标不切实际，没有充足的实习资源或培训教师的水平不高，那么，培训效果就更有问题了。当然，这里不是否定集中培训的形式，在统一思想、转变观念、重大的技术问题和系统的基础培训上，统一培训是必不可少的，但是还需要其他形式的培训，如网络环境下的个别化学习，网络环境下的协作学习、校本培训等的配合。

三、网络远程培训对教师专业化发展的影响

大部分教师都认识到参加培训的必要性和重要性，内心也非常渴望在自己的职业生涯中能不断进行知识更新和学习别人的成功经验，使自己尽快地成熟起来，成为一名称职的教师，在职称和待遇上也能得到相应的提高。培训机构应当根据基础教育改革和发展的要求，根据新课程实施的要求，不断更新培训内容，变革培训模式，提高培训的针对性和实效性，尽可能地满足教师进修的要求。

（一）教师学历基础的差异

1998 年启动的全国中小学教师继续教育，标志着教师继续教育的“学历补偿”时代已经过去，此后，教师继续教育的主要方向是非学历教育。但是，许多教师不满足于教师资格最低学历的要求，纷纷提出进修高一个层次的学历，《中小学教师继续教育规定》也明确规定：“中小学教师继续教育分为非学历教育和学历教育。”“学历教育是对具备合格学历的教师进行的提高学历层次的培训。”随着教育事业的发展，教师队伍比较稳定，教师待遇不断提高，许多学历高的非

师范毕业的学生加入了教师行列，而高学历教师流向大城市和沿海发达地区。这些地区的教育行政部门已经提高了教师入职的学历门槛。同时，要求进入小学教师行列的本科生、硕士生大有人在，竞争力度加大，这就促使教师参加提高学历教育的热情空前高涨。也有教师认为，参加学历培训和非学历培训都被承认是继续教育的学分，反正是参加培训，何不趁着年纪尚轻，去提高自己的学历水平？因此，当今的教师队伍里，老教师的学历相对比较低，年轻教师的学历相对比较高。学历的不平衡造成全国教师继续教育难以统一内容、统一教材、统一教法，导致全国教师继续教育无法统一实施。

（二）教师职业的吸引力

教师是太阳底下最光辉的职业，我国政府也越来越重视这个行业。“国家兴旺，教育为先，教育兴旺，教师为先”的口号越来越深入人心。近年来，国家采取了很多措施来提高教师队伍的素质，如全国中小学教师骨干教师国家级培训工程、全国教师教育网络联盟计划、全国班主任培训计划、全国师德建设计划等，充分体现了教育部为提高教师的能力和水平所作的努力。广大教师忠诚于党和国家的教育事业，为培育青少年一代作出了很大的牺牲，不少教师为教育事业奉献了自己的青春甚至是自己的一生。

但是，当今的世界很精彩，其他待遇较好的行业对教师的诱惑力很大。在我国的教师队伍里，不乏精英和人才，对他们来说，离开教师队伍，有更美好的前程。早在20世纪80年代，已有不少年轻教师离开教育战线，“下海”经商，从事经济事业，如今，不少人发了财，有了别墅、高级轿车，这使许多教师不免艳羡。

如今，教师工作稳定，有一定保障，收入也逐渐向公务员看齐，且退休金较高，这对求稳定的人，尤其是年轻女性而言具有一定的吸引力（这就不难解释为什么基础教育教师队伍中女性居多）。但是，求稳不是年轻人普遍的心态，他们更愿意去外面闯一闯，去创一番事业，追求社会更高的回报。因此，当教师并不是大部分年轻人的首选职业，起码不是他们的理想职业，有机会的话，他们大都会首先涉猎薪酬更高的行业，比如高科技行业、电信行业和电力行业等。因而，可以说教师还未能成为令人羡慕的职业，2007年教师节，有媒体对广州部分教师进行了调查，受访者普遍认为现在当教师，“工资待遇低、工作负担重、心理压力大”。如果有机会，他们还是会离开教师队伍。

眼下，造成教师职业的吸引力不足的原因是多方面的，其中，教师工作强度大、社会压力大等可能是造成教师职业吸引力不足的重要原因，因此，只有进一步提高教师的专业化水平，才能使教师的工作强度和社会压力有所减轻。

（三）教师对参加培训的认识

尽管在培训形式、培训质量等方面还有许多不如意的地方，但毕竟开卷有益，培训和不培训效果大不一样。许多教师深感培训后收获的喜悦，坚持致力于提高自己的教育教学能力和水平，成为学校学科教学的骨干力量。但是，从更大的范围及这几年实践的情况来看，部分教师没有感受到参加继续教育的迫切性，没有把培训学习看成是政府对教师的关怀，而只是被动地参加培训，听课时心不在焉，仅仅是为了完成规定的学时和学分。

令培训机构感到非常苦恼的事情，就是如何提高教师参加学习的自觉性。不言而喻，提高课程内容的针对性，采用互动式的讲授法是提高学员积极性的有效措施。近年来，培训机构不敢马虎，努力提高课程质量和讲授水平，不断创新培训模式。但这往往是一相情愿，一些学员“身在曹营心在汉”，老师在上面讲，他在下面做自己的事：看书报、备课、批改作业、打电话、发短信、和同事聊天等，不一而足。更有甚者，一些学员签到后，领取了资料，转身就离开教室，再好的课也不来听。

教师不自觉参加培训的原因是复杂的、多方面的，不可一概而论。这里面固然有培训内容陈旧、授课质量不高等原因，也有工学矛盾的问题：教师负担太重，节假日还要补课，抽不出时间参加培训，就是参加培训了，也是精力不济、敷衍了事。可见，学员不重视、不自觉是培训实效性不高的重要原因。因此，加强师德教育，提高教师参加继续教育的自觉性，是提高教师培训工作实效性的先决条件，也是加快教师专业化进程的重要环节。

（四）网络在教师专业化发展中的作用

随着信息技术的不断发展，特别是通信、网络技术的发展，利用网络进行远程培训成为可能。这种培训不受时空限制，不仅学员可以根据自己的情况确定学习内容和学习进度，而且培训指导者也可以根据学员的要求，通过网络给予个别的指导。条件许可的话，学员还可以选择指导教师。更重要的是，这种培训可以做到经常化。这种学习方式可以个人学习，也可以是两人以上的小组协作学习。

网络是一个巨大的信息资源库，网络环境下的学习已成为当今人们获取信息与知识的重要途径，因此越来越广泛地被教师和学生所接受，随之引发了教师培训和培训过程的深刻变革。“教育现代化，教师是关键”，要不断提高教师的职业能力和促进教师的专业发展，教师培训是关键。这里所说的教师培训，不只是教师的被动学习与培训，更包含教师自身的主动学习与发展，也就是我们所提倡的让教师在网络环境下自主地学习，让教师在工作的领域中实现其自身的专业发展。如何提高教师培训的针对性和实效性，解决教师在培训中存在的诸多矛盾，网络技术给我们提供了有效的途径。

网络环境下的教师培训要实现从课程中心向问题中心的转变。当今的教师培训是基于问题解决的现场培训，这些问题是中小学教师在教学中遇到的实际问题，而不是抽象的理论问题。培训问题化、问题课题化、课题课程化是许多地方教师培训的经验。如何实现以问题为中心的教师培训，问题从何而来？这就要通过网络提供相应的平台。任何教师在教学中遇到的问题，都可以在这个平台上相应的栏目中提出，每一位教师也都可以参与到问题的讨论当中，这种开放的平台只有网络远程环境具备，才能较好地完成网络远程培训活动。

网络远程培训平台还可以为教师提供丰富的网络资源。教师培训资源的匮乏，特别是优质教育资源的不足，是教师培训中遇到的实际问题。网络可为广大教师提供丰富的共享网络资源，如网络培训课程、培训课程教学网站、数字图书馆等。进行网络远程培训是一项新的工作，需要进行实验、研讨（包括培训目标、培训方式、培训指导、培训系统平台、培训资源、培训课件和培训评价等方面），也需要爱好者、自愿者共同努力。

四、教师专业化的途径

教师的专业化成长主要是指教师在严格的专业训练和自身不断地主动学习的基础上，逐渐成长为一名专业人员的发展过程。这一发展过程的实现，不仅需要教师自身主动的学习和努力，而且需要良好的外部环境的支持，这是教师专业化成长不可或缺的重要条件。

教师专业化要树立终身学习的观念。在当前生活中，生活的快节奏和工作的高强度使得我们的教师，特别是年轻教师，不屑、不肯、不能静心参与培训学习。这种状况的存在无疑会给教师的专业发展带来致命的“后劲不足”，而且这也显然不能适应教师专业化的发展。因此，教师要充分利用信息时代的科学技术所提供的学习条件，抓住机遇，利用一切可利用的机会加强学习，同时，在教学中坚持理论探索，与时俱进，增强教育智慧，促进自身专业技能的提高。

首先，运用网络远程培训，促进自身的教育理论更新。信息技术改变了信息资源的社会分布形态，造成信息的多源性、易得性、可选性。这导致了教育活动的背景由信息不对称变为信息对称，师生地位发生了变化，随之影响到教与学的关系，引起教育者“权威性”的削弱，促使教育模式走向民主，也促使教育者更多地使用信息技术进行自我强化。在这种情况下，教师的教育观念更应当改变。21 世纪是信息社会时代，同时也是信息爆炸的时代。为适应信息时代的要求，教师的教学行为和学生的学习必须发生转变。学生的学习要由被动学习转变成主动学习，教师的教学要注重学生自主学习能力的培养。只有学生的学习能力提高了，才能更好地适应信息时代的要求。

其次，要运用网络远程培训共享国内外优秀的培训资源。为了更好地促进教师专业成长，要充分发挥国内外优质培训资源的作用。近些年，国外的培训项目先后进入我国，如 IBM、INTEL、微软、苹果等跨国公司的教师培训项目竞相涌入。可见，重视国际培训资源的共享和利用具有重要意义。

2002 年 6 月，《教育部关于“十五”期间教师教育改革与发展的意见》指出："积极推进教师教育信息化建设，以信息化带动教师教育现代化，实现教师教育跨越式发展。"在培训中，要"积极采用卫星电视和计算机网络等现代远程教育手段"。

以广州市为例，广州市在1998年已经开始进行教师网络远程培训的试验，2003年开始推广。经过试验、推广、普及的阶段，实践证明，教师欢迎这种培训模式，并积极参加学习。这是因为网络远程培训可以很好地解决工学矛盾的问题，学员在有网络条件的情况下，可以随时参加学习；在没有网络条件的情况下，也可以采用光盘等辅助的手段进行单机学习。学习时间和空间的灵活性，大大增强了学员学习的积极性，从而促进了教师专业化的发展。

2007年5月，全国中小学教师教育技术能力建设计划项目办公室在广州市建立"教育技术培训促进中小学教师专业化发展"试验区，[①]这是一项以教育技术为手段，促进教师专业化发展的试验和探索。试验的主要内容有：

（1）探索培训与应用相结合的促进教师教育技术能力可持续发展的网络远程培训模式。

（2）探索和实施中小学教师远程培训管理的创新机制与模式。

（3）探索和实施促进远程培训均衡发展的机制与策略。

此项内容包括：探索保障欠发达地区和学校培训效果的政策、机制和培训策略；建立校际协作研究和培训联盟机制；探索基于"教育e时代"工程技术平台的资源共享和均衡配置机制。

（4）探索教师专业化发展的终身教育模式。

在实施教育技术远程培训的基础上，进一步探索出一套基于网络的教师终身学习模式，研究促进教师专业化发展的远程培训服务体系和课程框架，为教师的专业化发展和终身学习提供服务。

（5）搭建基于广州市中小学教师继续教育网的教师终身学习的支持服务平台。

（6）中小学教师教育技术能力考核在线支持系统的改造与升级。

（7）促进教师专业化发展的资源建设与开发。

以网络远程培训推动教师教育技术培训，在培训过程中促进教师专业化发展，就是要证明：教师参加网络远程培训，既提高了教师的信息技术水平，也增强了教师信息技术与学科课程整合的能力，最终达到促进教师专业化发展的目的。

教师教育技术的网络远程培训只不过是教师网络远程培训中的一个内容，其他内容的培训同样可以达到推动教师专业化建设的目的。因此，坚定地推进教师网络远程培训，是推动教师专业化建设的一条重要途径。

---

① 全国中小学教师教育技术能力建设计划项目办公室．关于同意建立"教育技术培训促进中小学教师专业化发展"试验区的批复［R］．2007

第三节　开展网络远程培训是素质教育的要求

素质教育是指全面贯彻党的教育方针，以提高国民素质为根本宗旨，以培养学生的创新精神和实践能力为重点，造就有理想、有道德、有文化、有纪律的德、智、体、美等全面发展的社会主义事业建设者和接班人的教育。实施素质教育对教师有不断提高、适应教育发展的要求。其实，素质教育早在20世纪80年代就被提出来了，到现在已经有20个年头了。1985年发表的《中共中央关于教育体制改革的决定》是我国改革开放以来第一个有关教育改革的文件，这个文件明确指出，"教育体制改革的根本目的是提高民族素质"。此后，提高民族素质一直被当作基础教育的根本目的。1993年中共中央、国务院颁布的《中国教育改革和发展纲要》第一次以中央文件的方式提出"中小学要由'应试教育'转向全面提高国民素质的轨道"。1997年，国家教委下达《关于目前积极推进中小学实施素质教育的若干意见》，第一次对素质教育作了规范性的表达，其中的第一句话就是"素质教育是以提高全民族素质为宗旨的教育"。这些由党和国家决策层面对素质教育提出的概念，体现了我国基础教育的根本目的是对学生进行素质教育，而素质教育的宗旨是"提高全民族的素质"。①

中小学教师不仅是"全民族"里面的成员，而且是"全民族"里面重要的组成部分，对中小学教师的培训也毫无例外地必须贯穿"素质教育"，只有把中小学教师的素质教育搞好了，才能在中小学校实施素质教育。提高中小学教师的素质有许多途径，而开展网络远程培训是提高中小学教师素质的较好方式。

首先，教师思想道德素质可以在网络学习中得到提高。网络学习是自觉、主动的学习，学习的时间、空间、进度、考核基本上是在无监视下进行的，教师必须有高度的自觉性和主动性才能完成学习任务。不自觉参加学习的教师会有应付讨论、抄袭作业、蒙混过关的动机。但是，更多的教师是自觉参加学习的，这样就会锻炼和培养出一批自觉、主动学习的，思想品德高尚的教师。

其次，教师在网上学习和参加考核，学员之间、师生之间在网上互动和交流的这种学习方式和考核方式，可以促使教师在自己的教学中建立新型的教学模式，积极实行讨论式、小组式、创新式的教学，积极研究改革考试方法与内容，建立科学的教学质量评价体系，保证教学质量。网络培训可以有效地促进教师的教改意识，在实践中提高自己的教育教学能力。

---

① 叶澜. 清思、反思、再思——关于"素质教育是什么"的再认识［J］. 人民教育，2007（2）

第四节　开展网络远程培训是基础教育课程改革的要求

2001 年 6 月 8 日，教育部正式印发了《基础教育课程改革纲要（试行）》，并于 2001 年秋季在全国 38 个实验区开始了试验，拉开了我国第八次基础教育课程改革的序幕。这次基础教育课程改革有六个目标。其一，改变课程过于注重知识传授的倾向，强调形成积极主动的学习态度，使获得基础知识与基本技能的过程，同时成为学会学习和形成正确价值观的过程。其二，改变课程结构过于强调学科本位、科目过多和缺乏整合的现状，整体设置九年一贯的课程门类和课时比例。设置综合课程，以适应不同地区和学生发展的需要，体现课程结构的均衡性、综合性和选择性。其三，改变课程内容“繁、难、偏、旧”和过于注重书本知识的现状，加强课程内容与学生生活以及现代社会和科技发展的联系，关注学生的学习兴趣和经验，精选终身学习必备的基础知识和技能。其四，改变课程实施过于强调接受学习、死记硬背、机械训练的现状，倡导学生主动参与、乐于探究、勤于动手，培养学生搜集和处理信息的能力、获得新知识的能力、分析和解决问题的能力以及交流与合作的能力。其五，改变课程评价过于强调甄别与选拔的功能，发挥评价促进学生发展，促进教师提高和改进教学实践的功能。其六，改变课程管理过于集中的状况，实行国家、地方、学校三级课程管理，增强课程对地方、学校及学生的适应性。课程改革目标的实现，需要教师具有较高的文化素质和教育素养。因此，教师必须在知识结构和教育教学方法两个方面适应新课程的要求。

新课程增加了许多反映当今社会经济、文化、科技新进展的内容，而很多教师原有的知识结构将难以满足新课程教学的需要，对于不少新知识的学习，教师与学生甚至处于同一条起跑线上，这就要求教师通过各种渠道不断学习，及时优化自己的知识结构。网上学习是获取和更新知识的有效途径。事实上，参加面授学习和培训要受到许多条件的制约，最基本的就是工学矛盾，而网上学习是可以见缝插针地安排在校园和家里，甚至出差都可以进行，是解决工学矛盾的好办法。

新课程教学要求教师必须具备良好的教育技术能力。教师具备了教育技术的能力，才可以生动地、直观地进行教学，把枯燥的内容趣味化，把抽象的内容形象化，让学生学得轻松、愉快，更加积极主动地接受教育。从 2006 年开始，各地陆续展开教师教育技术能力的全员培训，为使受益面更广，使培训管理更加科学，国家大力推广网络远程培训的模式。

教育部在 2004 年 9 月印发的《关于加快推进全国教师教育网络联盟计划，组织实施新一轮中小学教师全员培训的意见》指出：“要创新教师培训的方式和手段，加快推进‘全国教师教育网络联盟计划’，构建‘天网、地网、人网’相结合、系统集成的教师培训网络体系。”“充分发挥卫星电视和计算机网络等现代远程教育手段的作用，保证培训质量，提高培训效益。”

可见，利用网络远程实施新课程师资培训，既是基础教育课程改革的需要，也是国家的要求，是使教师尽快适应新课程的有效方式。

第五节 开展网络远程培训是提高教师教育技术能力的要求

信息时代，互联网技术的应用已经进入各级、各类学校，并向应用的深度和广度逐渐延伸。任何一名学生或教师都不可能不接触互联网技术。沿海的许多城市已经实施了“校校通”规划，已经实现和将要实现校园网与互联网的连接，有效地促进了信息技术在教育教学中的应用。新课程实验的其中一项任务，就是要在教学中大力推进信息技术的应用。为了提高我国中小学教师的教育技术水平，促进教师专业能力的发展，2004 年 12 月 15 日，教育部正式颁布了《中小学教师教育技术能力标准（试行）》，这是新中国成立以来我国颁布的第一个教师专业能力标准。它的颁布与实施是我国教师教育领域一件里程碑式的大事，对我国教师教育的改革与发展产生了深远影响。2005 年 4 月，教育部为贯彻落实这一标准，又专门启动了“全国中小学教师教育技术能力建设计划项目”。这一项目包括培训、考试、认证三个部分：培训内容是指达到教育技术能力标准所需要的知识与能力（分初级、中级、高级，并侧重教学能力要求）；考试内容和培训内容基本一致；认证是指按照审核认定的考试成绩授予教师相应等级的证书。关于这次教育技术能力培训，教育部师范教育司领导特别强调：这是新一轮国家级、强制性并涉及上千万中小学教师的全员培训。

新课程改革的核心是要培养学生的创新精神，让青少年生动、活泼、主动地发展，为此应改变教师的教学方式和学生的学习方式，而应用教育技术正是改变教与学方式的有效途径。另外，信息技术与各学科教学的整合也是新课程改革成功实施的必要条件，而有关信息技术与课程整合的理论、模式与方法（即如何在各学科教学中进行有效的整合）则是现代教育技术的基本内容。所以，实施教育技术能力培训项目，使广大中小学教师尽快提高应用教育技术的能力，是当前基础教育课程改革的迫切需求。

在教育技术培训中，存在三个主要问题：一是重视操作技能的培训，忽视教师教育理念的更新。在教育技术应用的过程中，管理者忽视了为教师搭建交流研讨的平台，没有用先进的教学理念指导教育技术的应用和实践。例如，有的学校为每名教师配备了多媒体设备，并规定每一节课使用多媒体不得低于规定时间。但在新教学模式推广前，却没有有效地组织教师对应用中的思想、理念进行学习研究，造成大部分教师把多媒体应用变成了“黑板搬家”，“电灌”之风不止，并且出现了许多弊端。二是部分教师只重视现代教育技术中技术方面的学习，而忽视了作为教育技术重要部分的教学设计等内容的学习与研究。这样，教育技术与课堂教学的真正需要就难以有效结合，教育技术应用于课堂教学的实际效益就不理想。这部分教师勤于学习、善于钻研，对新技术特别敏感，他们不断把新的技术引入自己的课堂教学设计中，却很少考虑这些设计会对课堂教学效果产生什么不良影响。同时，教师在展示中忘记了应该以学生为中心，学生在欣赏中模糊了学习的目标，迷失了关注的方向，忽略了课堂的重点。三是各级行政和业务管理部门只重视现代教育技术的形式，而忽视了教育技术辅助教学的实质。在公开课、优质课评比中，教师往往被要求必须使用多媒体，否则扣分。这是一种不良导向，忘记了教育技术仅仅是一个辅助手段，而手段应为内容服务。于是课堂教学出现了泛技术化的倾向，为得分而操作机器，放弃了对教学需要的深入钻研，这是错误的。教育技术是通过创造、使用、管理适当的技术过程和资源，促进学习和改善绩效的研究与符合道德规范的实践手段。在基础教育中，教育技术作为辅助教学的一种工具和手段，其效果取决于教师的具体应用，而教师的行动受其本身教育思想和理念的支配。

中小学教师的教育技术能力培训不能采用传统的培训模式，更不适合在传统的培训条件下进行培训。现代教育技术能力的培训要在现代教育技术环境下进行才能取得好的效果，而网络环境是教育技术研究与应用的主要内容。因此，在网络环境下开展教师教育技术能力培训是最好的选择。

思考题

1. 什么是网络远程培训？远程培训有哪些特征？

2. 为什么说“坚定地推进教师网络远程培训，是推动教师专业化建设的一条重要途径”？

3. 开展网络远程培训能够满足教师专业培训哪些方面的要求？

第二章　中小学教师继续教育概述

内容提要

本章主要阐述了我国中小学教师继续教育的现状和历史沿革，介绍了国外中小学教师继续教育的情况。本章的主要内容包括：

1. 中小学教师继续教育的目的和意义
2. 我国中小学教师继续教育的现状与特点
3. 我国中小学教师继续教育的发展
4. 国外中小学教师继续教育概况

第一节　中小学教师继续教育的目的和意义

教师继续教育是源于教师的职业发展需要，是旨在满足在职教师自身发展需要的各种形式的学习及教育活动。教师继续教育也称教师培训，这种在职教师培训，“在具有初级专业证书之后，从事初等和中等学校工作的教师和校长参与的教育和培训活动，其主要或唯一的意图是提高他们的专业知识、技能、态度，以便他们能更有效地教育儿童”①。目前，国内有使用“教师继续教育”这一术语的，也有使用“教师培训”这个词的。中小学教师继续教育作为教师在职培训最主要的部分，它包括新任教师的上岗培训、教师职务培训和骨干教师培训等层次的培训。我国中小学教师继续教育包括学历教育和非学历教育两个方面，学历教育是指“对取得合格学历的教师进行的提高学历层次的培训”。自从开展教师继续教育以来，就是进行这两个方面的培训。学历教育主要由正规的本专科院校来负责培训，而非学历培训主要由各级教师培训机构来完成。

中小学教师继续教育的最终目的应该是：树立终身学习的思想，掌握学习方法。有人说中小学教师继续教育的目的是“为了提高中小学教师队伍整体素质，

---

① 邵光华．教师专业发展取向的观课活动［J］．教育研究，2003（9）

适应基础教育改革发展和全面推进素质教育的需要"①。但这并不是最终目的。"在不能完全预计到未来工作变化的情况下，如何使教育与未来的工作相适应"②，这才是终身教育所要解决的问题，也应该是中小学教师继续教育需要解决的问题。

中小学教师继续教育，从根本上来说，是用"贯穿一生的教育"来代替"管用一生的教育"。因此，无论在培训的内容或培训的手段上，都不能仅考虑教师"近期"的需要，单纯解决教师如何任教的问题，更需要从"长远"的需要出发，通过培训，树立现代的教育观念、先进的教育思想，掌握科学的学习方法，使教师终身受益，同时，培养高尚的教师职业道德，做一名师德高尚、业务精通的新时期的教师。但是，这种"近期"与"长远"的矛盾是不容易调和的。受各级考试和教师评价指标的影响，更受学校评价的影响，培训机构、教师本人甚至教育行政部门都不得不考虑"近期"利益，而开设对教师"长远"利益有用的课程则往往得不到重视。因此，各级教师培训机构在考虑开设继续教育课程时，都花费了很多心思来设计，尽力在"近期"和"长远"两者之间找到平衡点。

中小学教师继续教育已经走出了关键性的一步，从不知道何谓"继续教育"，到今天"继续教育"深入人心，这是非常成功的。自愿的也好，被动的也好，毕竟是参加学习了。从参加工作的第一天起，广大受训教师都被告知必须参加"五年一个周期的继续教育"，而且这些培训学习与自己的评定职称、评选先进甚至工作聘任挂钩，因此广大教师自觉、不自觉地投身到继续教育的滚滚洪流当中。中小学教师继续教育的成功起步，既归功于政府部门的英明决策，又有赖于省、市各级政府的重视，也离不开各级教师培训机构的辛勤劳动以及全体中小学教师的共同努力。我国中小学教师继续教育正沿着"政府部门领导，行业协会主导，培训机构实施"的方针不断努力，健康、持续地发展。

第二节　我国中小学教师继续教育的现状与特点

在新一轮课程改革和素质教育的实践中，师资队伍的建设、教师思想业务水平的提高成了重中之重。"九五"、"十五"期间的教师职务培训有成绩、有实效，也积累了一定的经验，但是与世界发达国家的教师继续教育相比，就当前教育发展的现状而言，中小学教师的继续教育在目标定位、机构设置、方法手段、内容安排以及激励、监督机制等方面还存在许多问题和不足，这在一定程度上影响了我国继续教育的成效。

---

① 中华人民共和国教育部. 中小学教师继续教育规定［R］. 1999

② 联合国教科文组织总部中文科. 教育——财富蕴藏其中：国际21世纪教育委员会报告［M］. 北京：教育科学出版社，1996. 78

一、我国中小学教师继续教育的现状

在我国中小学教师继续教育的起步阶段，中华人民共和国教育部发布了《中小学教师继续教育规定》（1999 年 9 月 13 日），同时在上海召开了全国中小学教师继续教育和校长培训工作会议，会议部署各地实施“中小学教师继续教育工程”，吹响了继续教育的冲锋号。在以后不同时期的实施阶段，教育部都不失时机地召开会议，领导发表讲话，指引着前进的方向。

2000 年 3 月，教育部印发了《中小学教师继续教育工程方案（1999—2002 年）》以及《关于实施“中小学教师继续教育工程”的意见》。

2001 年 2 月，教育部办公厅印发了《关于检查辽宁等七省（自治区）实施“中小学教师继续教育工程”情况的通报》的通知，进一步指导全国把继续教育引向深入。

2001 年 10 月 31 日，教育部原副部长袁贵仁在“全国进一步推进中小学教师继续教育工程暨继续教育实验区成果交流会议上”作了重要讲话。会议总结、交流了各地实施中小学教师继续教育工程和继续教育实验区的经验成果，研究了在新的形势下如何进一步推进中小学教师继续教育工程，加强中小学教师继续教育工作等问题。这次会议对于加快实施中小学教师继续教育工程，研究新形势下进一步推进中小学教师继续教育工作，不断提高继续教育工作的水平，具有承先启后的重要意义。

2002 年底，各地对中小学教师继续教育工程进行了验收。

从 2003 年到 2007 年，我国中小学教师继续教育进入一个新的时期。教育部明确指出，这个时期的主要任务就是围绕新一轮基础教育课程改革，开展以新课程师资培训为核心的继续教育。

从上面的论述我们可以看到，现阶段，我国中小学教师继续教育主要是政府行为。为了搞好继续教育工程，政府从制度上、经费上、形式上和内容上都作出了明确的规定和要求，充分体现了政府领导对教师继续教育的重视。

二、我国中小学教师继续教育的特点

（一）发展的不平衡性

1．政府重视程度的差异

我国中小学教师继续教育实施关乎省、市一级政府的重视程度，继续教育搞得好不好，与政府的重视程度呈正相关关系。在广州、深圳这些沿海城市，由于大部分学校下放到区和县级市管理，教师继续教育的落实如何更要看区县一级政府的重视程度。

近几年，国家教育部对教师继续教育实行宏观指导，根据基础教育发展的不同时期，指导全国中小学教师继续教育的开展。例如，对新课程师资培训的意见、对实施教师非学历网络远程培训的意见、对开展“十五”期间教师教育的意见、对县级教师培训机构建设的意见、对教师教育技术能力建设计划的意见等。各省和地级市政府对本地的教师继续教育也进行中观指导，分别对五年的继续教育工作制定了指导性的意见，同时，要求属下的区县也要制定相应的措施。但是，由于各种原因，部分区县并没有按照要求作出相应的规划和实施方案。

地方财政以区县为单位，区县政府的态度是决定中小学教师继续教育能否正常开展的关键。然而，各区县政府的态度与我们的教育督导工作有着密切的关系，目前，对继续教育的督导远远比不上对基础教育督导的重视，这是影响教师继续教育向纵深发展的重要原因。

因此，各级政府对教师继续教育重视程度的差异，是造成发展不平衡的重要原因。

2. 各地财政支持力度的差异

《中小学教师继续教育规定》明确规定：“中小学教师继续教育经费以政府拨款为主，多渠道筹措，在地方教育事业费中专项列支。地方教育费附加应该有一定比例用于义务教育阶段的教师培训，省、自治区、直辖市人民政府教育行政部门要制定中小学教师继续教育人均基本费用标准。”

广东省人民政府规定：“各级人民政府应保证中小学教师继续教育经费的投入，采取以政府财政拨款为主，多渠道筹措为辅的方法解决。具体经费来源包括：每年从教育事业费中按不低于中小学教师工资总额的2%和教育费附加中不低于5%的比例来安排；从地方筹集的教育基金和学校勤工俭学收入中提取一定的比例。”① 两级政府都明确了经费“为主”和“为辅”的渠道，有力地保障了教师继续教育工作的顺利进行。

从近几年的情况来看，省市一级的经费是比较有保障的，区县级就不一定，并且执行当中各区县的情况也大相径庭。就拿教师参加继续教育的费用来说，有由政府全包的，有报销3/4或1/2不等的，也有政府不出一分钱的。出现这样的情况，原因只有两个：一是区县政府财政收入偏少，经费紧张，没有继续教育的钱；二是区县政府不重视教师继续教育。财政这个蛋糕就这么大，切来切去，还是切不到教师继续教育的盘子上。

（二）队伍庞大，分布广泛

1. 队伍庞大

据国家2007年教育事业发展统计，我国共有中小学教师1 224.26万人（含幼儿园、中专、中等职业学校和技工学校教师，未含特殊教育和民办学校教师）。

---

① 广东省人民政府. 广东省中小学教师继续教育规定［R］. 1999

以广州市为例，全市具有专业技术职称的人数约20万，而中小学教师就占了10万多。如此庞大的队伍，给开展继续教育工作带来重重困难，如经费保障、培训场地、教学设备、培训者队伍等问题，无时不在困扰着我们。

2. 分布广泛

我国地域辽阔，学校和教师的分布也非常分散，要开展继续教育很不容易。在新疆，有的县的面积比沿海一个省的面积还要大，即使在沿海省份，一些地级市的范围也很大，从边远的区县到中心城市要上百公里，到县城也要几十公里，要实现集中教师培训，实属不易。

（三）教师培训机构各异

开展教师继续教育离不开教师培训机构，教师培训机构主要有省、市、区（县）三级。地市级教师培训机构从2003年开始逐步萎缩，有的并入综合性大学；有的与师专合并，成为本科学院；有的收并中专成立高等职业学院。在不少地区，独立的地市级的教育学院已经不存在，其培训中小学教师的职能被带到新的院校。这是教师教育资源的重组，但是很难说这样就保证了教师教育资源的不流失。这样的结构难以承担沉重的教师继续教育工程。

区县级教师培训机构这几年可以说是处在风雨飘摇、两极分化之中。按照教育部建设“四位一体”的思路，建设“小实体、多功能、大服务”的教师学习与资源中心，为今后的社区教育服务打好基础。但是，有不少进修学校与电大分校合并，与中等职业学校合并，合并后减弱或丧失了教师培训的功能。更有甚者，一些新区根本就不设立教师培训机构，开展教师继续教育的任务就落在当地教育局人事科的头上。这种情形与教育部当初“重点建设好以县级教师进修学校为主体的县级教师培训机构”① 的设想是格格不入的。

第三节　我国中小学教师继续教育的发展

我国中小学教师继续教育始于20世纪80年代。按照中小学教师继续教育的内容和形式分类，已经进行的是“补偿型”、“实验型”、“素质型”的继续教育。中小学教师继续教育的这些类型只是表现形式有所差异，工作目标、内容有所侧重而已。

一、我国中小学教师继续教育发展阶段

（一）教师继续教育的起步阶段

新中国成立初期，国家已经很重视中小学教师的在职培训问题。当时为解决

① 中华人民共和国教育部．中小学教师继续教育规定［R］．1999

广大工农子女入学问题，需大力发展中小学校，但师资严重不足，教师的文化业务水平也达不到要求。在职教师进修的问题自然被提到议事日程上来。期间，国家不断建立教师进修院校来满足需求。据统计，到1960年，全国教师进修学院达95所，教师进修学校达2 202所，基本满足了教师进修学历和业务的需要。教师进修院校的建立与发展，表明了在职教师培训在教师职业生涯中的重要性，这漫长的16年，可以说是我国中小学教师继续教育的起步阶段。

（二）教师继续教育的学历补偿阶段

在这个阶段，教师继续教育以学历补偿为主，同时开展学科骨干教师培训。文化大革命期间，教师在职进修遭到毁灭性的破坏，20世纪50年代建立和发展起来的进修院校几乎全被撤销。在十一届三中全会以后，教育在国家现代化建设中的地位得到重视，教师进修院校得到恢复，在职教师进修重获新生。这个时期，教师继续教育的主要内容是学历补偿教育，教师通过学历培训达到学历合格。

我们也可以将学历补偿称为“补偿型”的中小学教师继续教育。“补偿型”的中小学教师继续教育是根据我国20世纪80年代中小学教师队伍的状况，在学历已经基本达到国家当时规定的标准之后实施的进一步补偿文化知识、提高教育教学能力和教学研究能力等方面的培训。那时是我国中小学教师质量最低的时期，因此，教育管理部门提出了按照“教什么，学什么；缺什么，补什么”的原则进行培训。“补偿型”阶段对我国中小学教师的教育教学能力的提高有着划时代的意义。在这一阶段的继续教育内容中，明确提出了基本功训练是当时小学教师继续教育的重要内容之一。经过近五年的基本功训练的实践，通过认真总结经验，证明了开展中小学教师基本功训练，符合我国中小学教育和中小学教师队伍实际，是教师继续教育的基础工作，能直接有效地提高教师的教育教学能力。在中小学教师中，普遍开展“基本功”训练的同时，特别强调了对有培养前途的中青年教师按教育教学骨干的要求和对现有骨干教师按更高标准进行培训，即骨干教师培训，还强调对新分配到中小学任教的毕业生进行有目的、有计划的培训，使其尽快适应教育教学工作，即新教师培训。这两项决策是极其重要的，这是以点带面，注入新鲜血液以改变教师队伍状况的重大举措。总之，这一阶段是以提高中小学教师教育教学能力为目标的教师继续教育，也是对那种只有“文凭”没有“水平”的状况的一种补偿。

（三）中小学教师继续教育的全面启动阶段

这个阶段在我国教师继续教育史上具有里程碑的意义。这一阶段鼓励和提倡地方开展培训实验，因此，也可以称之为“实验型”的中小学教师继续教育。“实验型”的继续教育是在前期教师继续教育的基础上，根据新时期教育教学的需要，区域性、分专题地进行实验，最后将其纳入符合我国国情的中小学教师继续教育的基本框架之中的继续教育类型。20世纪90年代中期，全国师范教育工作会议上提出，“九五”期间，师资培训工作要在继续完成部分教师的学历补偿教育任务的同时，及时面向全体教师、突出骨干，以及按需施教、注重实效的原则，确定继续教育的方案和内容，努力探索符合我国国情的继续教育的基本框架和培训模式。这次会议还强调，“九五”期间，对于已经取得合格学历的教师要不失时机地转移到继续教育上来，建立完善的继续教育体系，要使中小学教师继续教育逐步制度化。在这一阶段，中小学教师培训的主题逐步转移到怎样通过开展中小学教师继续教育，全面提高教师的素质，使教师适应教育现代化的需要；提高教师运用电子计算机等现代教育技术手段的能力，把中小学教师继续教育推向新的阶段。这一阶段是以计算机等现代教育技术为载体和突破口，切入中小学教师继续教育，实现教育思想、观念和内容的现代化。改进教师的教育教学手段，使教学方法多样化，提高教育教学质量，促进教师从单纯教学型向教育科研型转化，有效地扩大教学科研型教师队伍基数，这些是全面提高劳动者素质的重要举措，是实施科教兴国战略，与世界现代化教育接轨的重要步骤。同时，开展中小学教师继续教育区域性实验，采取各地上报、教育部师范司批准的方式，确立了一部分国家级中小学教师继续教育实验区。这种选取区域性实验的方式，有利于推动教师继续教育工作；有利于总结带有全局性、规律性和适于面上推广的成果和经验；有利于进一步明确地方政府的职责，把继续教育作为政府行为提上议事日程；有利于统筹管理，协调本区域师范教育工作；有利于有针对性地在小范围内研究，探索职前、职后相沟通的师范教育体系。

（四）教师继续教育的深化阶段

到 2002 年，我国已经基本完成中小学教师继续教育工程方案及其实施意见所确定的各项任务。开展新课程的教师培训工作是“十五”期间（2003—2007 年）中小学教师继续教育的重要内容。启动和实施培训者的培训，按照“先培训，后上岗；不培训，不上岗”的原则，各年级教师在实施新课程前都必须接受培训。培训工作分地区、分阶段展开。培训内容以“基础教育课程改革纲要（试行）”及各学科课程标准和相应的教材为重点。培训模式和组织形式应多样化，提倡参与式培训，充分发挥校本培训的作用，切实提高培训工作的针对性和实效性。积极采用卫星电视和计算机网络等现代远程教育手段，保证培训质量，提高培训效益。按照新的基础教育课程要求，大力推动新课程师资培训工作，建立有效的教师继续教育机制，初步形成开放的在职教师培训体系。

二、我国中小学教师继续教育发展特点

（一）我国中小学教师继续教育具有明显的阶段性

一方面，20 世纪 80 年代兴起的教师学历达标培训向达标后的进一步提高学历层次方向发展。有研究者将 20 世纪 80 年代以来这 20 多年教师培训（继续教

育）的发展阶段概括为教育理论补缺——教师学历补偿——教师学历提高培训——教师综合素质提高培训。前10年凸显一个“补”字，缺啥补啥；后10年则凸显一个“提”字，形势发展，不提高不行。另一方面，由教材、教法培训向教育科研方面侧重。伴随教师专业化进程的加快，教师培训的定位提升到了注重教师专业素养的提高，进一步指出教师继续教育的重要目标和任务就是促进教师的专业发展，加快教师的专业化进程。

（二）我国中小学教师培训的形式呈多样化趋势

一些地区的教育行政部门结合本地实际，组织开展了中小学教师“继续教育培训”、“校本培训”、“学位课程培训”等多种形式的培训工作，也不同程度地采用了“培训机构本位”模式、“研训一体”模式、“依托高校”模式和“学校本位”模式，主要采取集中面授与自学相结合、短期脱产理论学习与长期实践工作经验相结合，把各级教师进修院校作为教育培训基地等方法，在此实践过程中积累了不少宝贵经验。但其中主要由省教师进修学院或地区教师进修学校对教师组织实施培训，虽能集中地在短时间内解决共性问题，但不能很好地解决各学校、教师共性和个性相结合的问题，一些原有的培训模式、培训方法、培训内容和评价制度急需进一步改进和完善，以满足当前基础教育新课程改革师资培训的需要和新要求。

（三）教师培训体系更加开放

我国长期以来采用的是定向的师资培训体系。教师培训的参与和组织一直以来都由教育主管部门、师范院校和中小学校共同实施和完成。1999年第三次全国教育工作会议提出，“鼓励综合性高等学校和非师范类高等学校参与培养、培训中小学教师的工作，探索在有条件的综合高等学校中试办师范学院”。这是我国师资培训途径的一个巨大转变。

三、我国中小学教师培训存在的问题

（一）中小学教师对培训有厌倦情绪

中小学教师培训虽已基本建立了较完整的培训体系，但中小学教师参与培训的热情并不高，实际收效不大，存在培训“流于形式”、“走过场”和厌倦培训等情况，一些教育专家在分析造成此类情况的原因时明确指出，一方面，当前我国中小学教师的工作压力比较大。据有关调查表明，目前中小学教师职业压力主要来源于以下几个方面：升学考试压力、工作负担压力、角色职责压力、工作聘任压力、职业声望压力、学历职称压力等。可以说，现在的中小学教师是在应试教育和素质教育的双重背景下工作和生活，如何在相互矛盾的两者之间寻找生存的缝隙，的确令他们非常为难。另一方面，在培训操作的实践中，一定程度上存在忽略或缺少培训的可行性研究，即缺少对教师培训实效性与教师培训实际需求相脱离问题的深入研究。这主要表现在过多关注培训内容、方法和相关要求的研究，过多地动用如考试分数、证书和晋升职级等外部诱因的研究上。而当前的教师培训在培训的需求上缺乏针对性，在培训的观念上呈现滞后性，在培训的组织上凸显强制性，在培训的效果上体现低效性，这些也是中小学教师厌倦培训的重要原因。

（二）中小学教师培训的实际操作与培训理论尚有差距

在我国高等教育大众化、义务教育普及和基础课程改革的背景下，关于教师培训的性质、目的、内容和模式等方面的理论都有了新的发展。如教师培训必须以关注教师的发展为中心，重视帮助教师把现代教育观念转变为现代教育行为；把教师培训的目标定位在强化教师的持续发展能力上，包括自我学习能力、教育科研能力和实践创新能力。从总体上说，中小学教师继续教育培训已经成为促进教师专业发展的政策实践。许多学者对正在全国范围内开展的有计划、有组织的全员培训和骨干教师培训等活动进行了反思和研究，认为校本培训应该是目前中小学教师培训的主要模式；教师专业发展的思想贯穿于教师培训研究的各个方面；专业发展的理论研究多于教师培训活动的实践研究。而对教师培训的实践研究，尤其对教师培训中教与学的关系、教与学的过程以及教与学的效果等方面的研究明显薄弱。比如在教师培训过程中，对“重知识轻能力、重理论轻实践”，是“知识导向”还是“能力导向”，“校本培训”的重点是知识补偿还是能力发展等问题仍存在分歧。同时，我国教师培训方面的理论研究还存在不足。比如在探索开放的教师培训模式、组织形式多样的培训活动方面，提出了“校际联动培训”、“专家—新手培训模式”、“行动研究模式”、“仿真情境模拟式培训”、“影子跟踪式培训”和“调查研究相结合式培训”等模式。然而，这些理论大多是实践经验的总结，存在定义不明确、范畴划分不清晰的问题。

第四节　发达国家中小学教师继续教育

随着国际竞争加剧以及知识经济的出现，特别是信息技术等现代科学技术的迅猛发展与广泛运用，世界经济、政治格局乃至教育都在发生着前所未有的深刻变化。现代科学技术在向中小学教师继续教育提出崭新要求的同时，也为中小学教师继续教育实践提供了物质条件。近十多年来，发达国家中小学教师继续教育正表现出前所未有的共同发展趋势。

一、发达国家中小学教师继续教育的形式及特点

世界各国中小学教师继续教育已有许多成功的经验和方法。在培训形式方

面，可归纳出四种形式：一是以新教师为主要对象的在职培训形式，其中出现了一些行之有效的方法，如“以老带新”法、“集中培训”法、美国的“专业发展学校”；二是以课程为基础的在职培训形式，包括“学位课程培训”、“单科课程培训”、“特殊或特别课程培训”和“补习或补充课程培训”；三是以教学为中心或以学校为定向的在职培训；四是短期进修的在职培训形式，如英国曼彻斯特大学教育系教育中心为中小学教师开办的“讲习班”、“研讨会”、“短期课程和讲座”等多种形式的短期培训。发达国家中小学教师培训的特点是：第一，培训法制化，即通过立法来改进和完善教师的在职培训工作，使之成为一项国家制度；第二，层次高位化，即中小学教师学历水平已经达到了本科层次，通过在职培训，使他们逐步达到硕士学位层次；第三，内容多样化，即在职培训内容已经逐步由单纯的教师专业知识的培训，扩大到教师教育、教学及技能的方方面面，充分满足各类教师的不同需要；第四，手段现代化，即十分重视运用现代计算机多媒体技术和通讯技术，如电视教学、电话教学、网络教学、卫星通讯教学等手段强化在职培训，极大地提高培训效率；第五，不断发展，即把在职培训和提高当作一种特殊的教育活动，长期坚持，逐步发展并得到完善。

二、发达国家中小学教师培训的共同发展趋势

教师知识结构的合理及综合素质的提高与教师的培训有着密切的关系。许多发达国家把中小学教师培训与教师评价紧密地结合起来，大多采取积极的鼓励政策和把评价、加薪、晋级紧密联系起来，教师可以根据实际需要来选择进修培训模式，教师有参与培训的自主权和选择权，因而培训效益显著。目前各发达国家的现代教育制度都进行了意义深远的改革，以致教师培训伴随着终身教育思想的不断推进，已取得了突破性进展。特别是近十多年来，发达国家中小学教师培训正表现出前所未有的共同发展趋势。

第一，在培训目标上强调全面性、科学性和针对性。当今的培训目标已超出学科知识、教育理论和教学能力范围，扩展到教师的所有方面，包括更新教育观念，提高教育教学、教育评价、熟练掌握计算机多媒体技术、交互网络信息技术等方面的能力及发展教师个性的一切活动。如英国按教师水平的差异把教师进修的内容划分为五种：①为学历不合格、不能胜任工作的教师开设补习课程；②为具有 3 ~5 年教龄的合格教师开设高级文凭研究课程；③为师范院校毕业的新教师开设教育学士学位课程；④为综合大学毕业的中学教师开设教育理论和教材教法培训课程；⑤为解决各类教师某一方面的教育教学问题开设的各类短期培训课程。

第二，在培训形式和培训渠道方面强调多样化。目前，一些发达国家非常重视在职教师的培训工作，广开进修培训渠道。如在日本，除各级高等院校主办教

师进修外，还有几百个全国性和地方性的民间教育社团参与其中。近年来，教师中心、教育中心之类的教师进修机构不断涌现，已成为教师培训的重要场所，且发挥着重要作用。教师培训形式的多样化还表现在出资方式、培训时间、培训目的和方式上，并且在呈现多样化特征的同时，基本上形成了四个比较稳定且又相互补充的模式，即“培训机构本位”模式、“研训一体”模式、“依托高校”模式和“校本”模式。

第三，在培训的方式和方法上强调人性化。除了传统的面授教学方法外，更多的是开发现代化的远程教育，建立适应教师教育特点的、符合教师学习实际的网络远程培训机制。如新加坡政府专门设立了“电子教育坊”网站，专门为教师提供服务。通过该网站，教师可以了解到最新的教育资讯，找到所需的教学资料、课程计划及相关的电子资源等。此外，教师也可参加网上研讨会或对研讨会作出反馈，进一步交流经验。

第四，在培训内容上更加广泛、更具针对性，突出了教师职业技能的提高。随着新科技革命的迅猛发展，时代对教师自身素质提出了更高的要求。根据社会和科技进步的要求，确定了更为广泛的教师在职教育和培训内容，既包括专业学科和教育学科知识的更新、深化，教育技术的掌握，一般文化素质的提高，又包括对学校、家庭和社会所面临的最紧迫问题的研究与探讨，培训内容的结构、体系更趋合理，教师能系统地进行系列课程的进修。

第五，重视对培训院校或机构中教师的培训。培训机构中的教师——培训者，其素质水平直接影响培训效果。许多研究者认为，培训院校中的教师不同于一般师范院校中的教师，他们既要有丰富的科学知识，也要有较高的教育科学理论素养，并能针对具体的教学过程，把优秀教师的教学经验和体会提升到一定的理论高度，然后再去分析、总结，必要时还要亲自讲授中小学课程，发挥“师范”的作用。从目前状况看，许多国家都要求培训机构中的各科教师继续参加培训，先通过教育理论专业硕士、博士研究生培训，再到中小学开展调研、教研活动，参加培训课题的教材编写或研究工作，最终成为有较高专业理论和教学实践经验，且可以进行教研指导的教学法专家。

第六，重视对培训的评价，形成良性信息反馈，确保培训质量和效益。自20世纪70年代以来，各国对教师在职培训的经费投入随着该项工作的加速发展而加大。为了保证经费的投入产出效益，各国开始重视、加强对这项工作的评估。英国师资培训委员会在全国性的大规模调查的基础上，于1984年发表了“学校教师的在职教育、培训和专业发展”的报告，其中提出了对教师在职教育和培训进行评价的九项指标：①教师是否根据学校、地方教育部门及本专业的发展目标确定了自己的培训需要；②校董事会、校长、高级管理人员、地方教育部门顾问是否支持、保证全体教职员参与培训；③地方教育是否有师资培训的配套政策；④是否拥有教师培训的校舍和设备；⑤是否有可供教师选择的适当的培训形式（校内培训或校外培训）；⑥是否有可供教师选择的适当的培训时间和活动方式；⑦培训课程是否与教师需要相关，是否以解决实际问题为主；⑧开设课程的高等院校和其他机构是否有一定的经验与技术；⑨学校的培训准备是否充分，培训后是否积极推广培训成果。美国有学者综合了前人的研究成果，提出了多元教师培训评价理论。他们认为，中小学教师在职教育与培训的价值，最终表现为学生学业成绩的提高。对学生学业成绩的提高产生影响的要素有教师培训方案的性质、内容，教师的组织气氛和文化背景等。德国狄林根教师进修与人才培训学院的海林先生认为，对中小学教师在职教育和培训工作进行评价的指标包括：①参加培训的教师对培训的满意程度；②参加培训教师的知识能力水平是否得到提高；③中小学校长对本校教师参加培训的反馈意见；④教育行政部门的反馈意见；⑤基层培训人员对参加培训教师教学水平的反馈意见。对中小学教师在职教育和培训进行评价，是教师培训工作中的一个重要环节，它始于20世纪80年代后期，现在已引起世界各国的重视，许多学者对其进行了理论上的充分论证且在实践中得到了推广。

思考题

1. 教师继续教育是源于教师的职业发展需要，它的最终目的是什么？培训的层次有哪些？有哪几种基本的教学模式？

2. 从我国中小学教师继续教育的现状来看，我国中小学教师继续教育有哪些特点？还存在哪些问题？

3. 近十多年来，世界上发达国家中小学教师培训表现出哪些共同发展趋势？

第三章　中小学教师继续教育网络培训探讨

内容提要

“网络培训”是由“远程培训”进一步发展的更新的现代远程培训模式，也是远程教学开始转入以计算机网络为基础，集计算机多媒体技术和网络空间数字技术于一身的综合培训模式。本章的主要内容包括：

1. 开展中小学教师继续教育网络远程培训的先决条件、必要条件、重要条件和核心条件

2. 网络培训的基本特征，教学课堂的虚拟性、可操作性、异步性、同源性、互动性、主体性、优越性和管理的自动化

3. 中小学教师继续教育网络培训的萌芽阶段、发展阶段和成熟阶段

我国中小学教师培训由来已久，从教师培训的形式来看，无论是学历培训还是专题培训，“集中培训”都是最常见的一种培训模式。所谓“集中培训”，就是把学员集中在同一课室（或场所），在同一时间，通过学习班、研修班、培训班和专业学历进修班等教学组织形式，参加听课，进行培训或进修。集中培训在过去中小学教师进修中发挥了重要的作用，如今它仍然是教师进修的主要培训形式之一。

20 世纪 70 年代，全国电视广播社会化，中央电视台教育频道开办了电视大学（以下简称“电大”），从此，中小学教师的学历培训步入了“远程培训”时代。电大以学历培训为主要宗旨。初期电大的学员根据电大安排的各个专业的课程教学时间表，在同一播送时间内，学员利用各自的电视机直接从指定的电视频道收看某门课程现场录制的课堂教学。这种教学模式对于在学校里担负繁重教学工作的中小学教师来讲，虽然还是要在同一时间内，但不需要集中在同一课室里（或场所）参加学习，这无疑是一种比集中培训更灵活便利、更有实效的进修学习模式。远程培训的模式除了电大之外，还有其他一些形式，如刊授、函授和自学考试等，它们都归属于远程培训的范畴之内。电大、刊授、函授和自学考试等

远程培训形式是远程培训早期使用的形式，在我国中小学教师培训中发挥了重要的作用，我们称之为传统的“远程培训”。

20世纪80年代末至90年代初，我国成功建立了全国计算机传输网络，为中小学教师远程培训采取更新的现代远程培训模式创造了条件。跨入21世纪，多种信息技术媒体在课堂教学中组合使用，尤其是现代信息技术与学科课程的整合，中小学教师培训由远程培训进一步发展为更新的现代远程培训模式——网络培训。当今的网络培训，学员不用集中在同一课室（或场所），也不用在同一时间内参加学习，只要在学校或家里利用能上网的计算机就可以完成从报名、缴费、学习、考核到获取成绩证书等学习的全过程。网络培训与早期的远程培训相比，具有学习形式交互性、学习过程智能化、管理过程自动化等显著特点。

第一节　中小学教师继续教育网络远程培训的物质条件

网络培训是网络远程培训的简称，是基于WWW（World Wide Web的缩写，译作“万维网”或“环球信息网”等）的应用现代多媒体的现代远程教学的新模式。网络培训是以计算机和Internet网络为基础，利用现代信息技术与课程整合，在现代媒介平台上进行的教学系统。这个教学系统是建立在传统的教学系统基础上，使用计算机和Internet开设的网站，增加服务器及其管理部分，构建虚拟的教学环境，实施自主学习理念的教学。中小学教师继续教育网络培训以开放的非线性分布方式为中小学教师提供丰富的教育资源环境；为学员的个性发展提供优化的教育时空，满足了中小学教师群体和个别化的进修需求。广州市中小学教师培训中心把继续教育课程《青少年科技活动指导》和《应用植物学》制作成网络课程并且建立了教学网站，于2001年2月正式挂网授课，受到广大进修学习的中学教师欢迎，创造了一种适用于广州市中学教师实际需要的继续教育网络课程远程教学模式。①

一、开展中小学教师继续教育网络远程培训的先决条件

Internet是开展中小学教师继续教育网络远程培训的先决条件。

Internet是20世纪末期发展最快、规模最大、涉及面最广的科技成果之一。20世纪末世界各个国家都建立了自己的Internet骨干网并已相互连接。中国从20世纪80年代末开始建设信息产业部主管的中国公用计算机互联网（chinanet）、教育部主管的中国教育和科研计算机网（cernet）、中国科学院主管的中国科技网

① 李富潮. 广州市继续教育课程WWW远程教学模式的探讨［J］. 广州大学学报，2003（6）：75～77

(cstnet)、信息产业部主管的中国金桥信息网(chinagbn)等四个骨干网，构成了一个强大的中国网络，并且与世界各国的骨干网络形成了巨大的国际互联网。

从严格意义上讲，我国被国际上正式承认有 Internet 的国家是在 1994 年 4 月 20 日，这天，中关村地区教育与科研示范网络(ncfc)与美国 nsfnet 实现了直接联网。1994 年 9 月，中国公用计算机互联网(chinanet)建设启动。同年 10 月，中国教育和科研计算机网(cernet)启动。1995 年 1 月，中国电信开始向社会提供 Internet 接入服务。1995 年 4 月，中国科学院启动百所联网工程，在此基础上，网络不断扩展，形成了中国科技网(cstnet)。1996 年 1 月，中国公用计算机互联网全国骨干网建成并正式开通。同年 9 月，中国金桥信息网(chinagbn)向社会提供 Internet 接入服务。

Internet 在我国的建立，为远程教学提供了新的渠道。网络传输的种种优越性，促使远程培训步入一个新的时代——网络远程培训时代，Internet 成为开展中小学教师继续教育网络远程培训的先决条件。没有互联网，远程培训就不能够称为网络远程培训。

然而，Internet 建立初期，它仅仅能够让世界各国许多不同功能的计算机通过互联网络线路和数码的传输连接起来，计算机之间的数码应用技术(如网页的编制和浏览软件的兼容)和网络的传输技术(如传输的协议和传输的速度)还需经过数年的逐步完善和提高，才能够满足网络课程教学的需要。实践证明，用电话线路 56K 终极的 Modem 上网的传输速度可以满足多媒体优化组合网页网络课程的需要，但是不能满足现场录制视频网络课程传播的速度要求。因此，中小学教师继续教育网络远程培训是随着 Internet 网络技术的发展而呈现出阶段性发展的。

二、实施中小学教师继续教育网络远程培训的必要条件

服务器(培训网站)、个人计算机(浏览器)是实施中小学教师继续教育网络远程培训的必要条件。

任课教师、学员和教务人员都是通过使用个人计算机，非线性分布的个人计算机与服务器通过互联网连接后，使用个人计算机的浏览器浏览服务器的培训网站网页，才进行一切教学活动的。个人计算机与服务器是实施网络远程培训的必要硬件设备。

个人计算机的浏览器是怎样在网站林立的浩瀚网络中寻找并浏览服务器的培训网站的网页的呢？WWW 使用超文本技术，在 Internet 里把许多专用计算机(包括 WWW 服务器计算机和 WWW 浏览器计算机)组成计算机网络，实现了各个服务器网站的丰富信息能够以网址方式，提供给各个计算机的浏览器进行主页浏览、资源搜索、专题查询，从而实现信息交换、情感互动、数码传输和网络共

享的功能。

服务器是网络远程培训的教学源头设备。在服务器建立中小学教师继续教育网络远程培训网站，不仅有教学的主页，还输入了提供给任课教师和学员在教学中使用的教学资源，安装具有教学互动的任课教师教学平台、学员学习平台和教务管理平台，形成网络培训的网络教学系统。在这个教学系统中，学员的报名、录取、上课、作业、练习、答疑、考核、评价和学籍管理全部能够通过个人计算机与服务器连接后逐一完成，确保教师继续教育网络培训的教学和教务工作得以顺利进行。服务器也是计算机，可以专门设置；安置服务器需要一定标准的相关网络设施、外围设施和专业管理，花费颇大。不过，多个不同的网站可以共用同一服务器，服务器可以兼用或者向电信部门租用，这些建立服务器的途径符合节约财源和精简编制的原则。

培训网站的核心工作是网站数据库的管理。无论服务器是专门使用，还是兼用或者向电信部门租用，都必须设立网站数据库管理的操作室。网站的数据库主体是网络培训资源，因此，操作室对网站数据库管理包括网络培训环境资源管理、网络培训信息资源管理和网络培训人力资源管理。

个人计算机是网络远程培训的虚拟教学活动的窗口。目前，对于参加网络远程培训的计算机最基本的硬件要求是 Pentium Ⅱ CPU、64M 内存、56K Modem 或网卡、一般的声卡；软件要求是 Windows 98 系统（包括附带的 IE 浏览器、媒体播放机、上网系统等）和 Microsoft Office 系统。

三、网络远程培训的重要条件

安装网站操纵平台、任课教师教学平台、学员学习平台和教务管理平台是网络远程培训的重要条件。

网站操纵平台、任课教师教学平台、学员学习平台和教务管理平台是通过系统软件安装而建立的，因此，它们都是实施网络远程培训的重要软件设备。

HTML 是 Hyper Text Markup Language（超文本标记语言）的缩写，是用来描述超文本文档的标记语言。HTML 语言不是一种程序设计语言，而是一种页面描述语言，用于描述 Web 页面。HTML 通过标记式的指令将文字、图表、声音、图片、动画等链接显示出来。浏览器是通过网页的形式进行浏览的，HTML 是实施网络远程教学理想的数码转换编制工具，它可以制作培训网站、教学课件、任课教师教学平台、学员学习平台和教务管理平台。

任课教师教学平台和学员学习平台通过网络课程的链接，构建成虚拟课堂。在虚拟课堂里，任课教师和学员、学员和学员可以通过文字、语音和实时视频等网络媒体实现互动；学员可以搜索网络上一切可以链接的网址或网站提供的教学资源；学员还可以自主选择地点和时间上网学习。在虚拟课堂里，学员成为自主学习的教学主体，任课教师成为虚拟课堂教学的设计者和学员学习的指导者。

任课教师教学平台、学员学习平台和教务管理平台的设计十分重要，它既要认同学员的学习习惯，又要创建适合学员自主学习的氛围，同时还要符合网络远程教学的特性。没有一个导航结构合理完整的教师教学平台、学员学习平台和教务管理平台，网络远程培训就不可能发挥它的优越功能，也就不可能体现其远程培训的优越特性。

四、实行中小学教师继续教育网络远程培训的核心条件

开发网络课程资源是实行中小学教师继续教育网络远程培训的核心条件。

在中小学教师继续教育网络远程培训的系统中，必须有网络培训资源才能够运作。“巧妇难为无米之炊”，没有网络远程培训的网络课程资源就无法进行网络远程教学。网络课程只是网络培训资源中的一种，但它是所有网络培训资源中最重要的一种。如果说网络培训资源是继续教育网络远程培训系统中的核心，那么网络课程则是核心的核心。

目前，网络课程的课件不断出现，不过真正适合中小学教师继续教育的网络远程培训课程课件却为数不多。教师继续教育有它的特性，高等教育专业课程的网络课程一般不适用于教师继续教育。相当部分的现有网络课程存在着内容陈旧过时、缺少教学必要环节、课堂全盘录制等问题，还没有达到教师职业网络远程培训课程教学的要求，有待进一步修改和完善。因此，开发网络课程课件是实行中小学教师继续教育网络远程培训的首要工作。

从广义的网络培训资源概念来看，网络课程属于网络培训资源中信息资源的组成部分，是网络培训资源的核心组成部分。在现代远程教育工程建设过程中，由于对网络教学资源的开发或利用重视不足，往往造成阶段性开展和安排教学工作的被动。网络课程制作模式的歧化，对现代远程教育设备配置产生了极大的差异，对财力的投入和教学的效益将产生很大的影响。

教师继续教育远程网络培训课程的制作，初期很容易被认为是一件简单的工作，找到合适的主讲教师，把他请到多媒体录像室进行讲课录像，经编辑后就放在网上让教师进行学习。这是一种网络课程的模式，称为“IP 课程模式”，这种模式与电视大学的课程教学模式基本相同。但是，它不是进修教师普遍欢迎的教学模式，相反，相当多的进修教师反对这种教学模式。因为“IP 课程模式”没有充分发挥现代多媒体的优越性，也没有充分发挥现代网络技术的优势，还不是真正意义上的网络课程。

开发网络课程资源之所以是教师继续教育网络远程培训的核心条件，是因为这项工作相当艰巨。开发网络课程资源，包括素材类教学资源、网络课程、资源建设的评价和教育资源管理系统等方面的资源，是一项创新性的教学研究开发工

作。这项工作需要结集多方面的专业人才共同协作才能完成——教学、教学管理、网页制作、网站操作、美术美工等专业人才，建立开发网络课程资源的技术研究小组、评审专家小组和网络课程开发工作室。

综上所述，我国已经具备了 Internet 的先决条件；全国各省、市相继使用服务器建立本省、市中小学教师继续教育网络远程培训网站，任课教师与学员利用单位的计算机上校园网，或者在家里拨号上网、宽带上网进行教学；教师教学平台、学员学习平台和教务管理平台等重要的软件设备正在不断改进和完善；继续开发网络课程课件是实行中小学教师继续教育网络远程培训的首要工作。

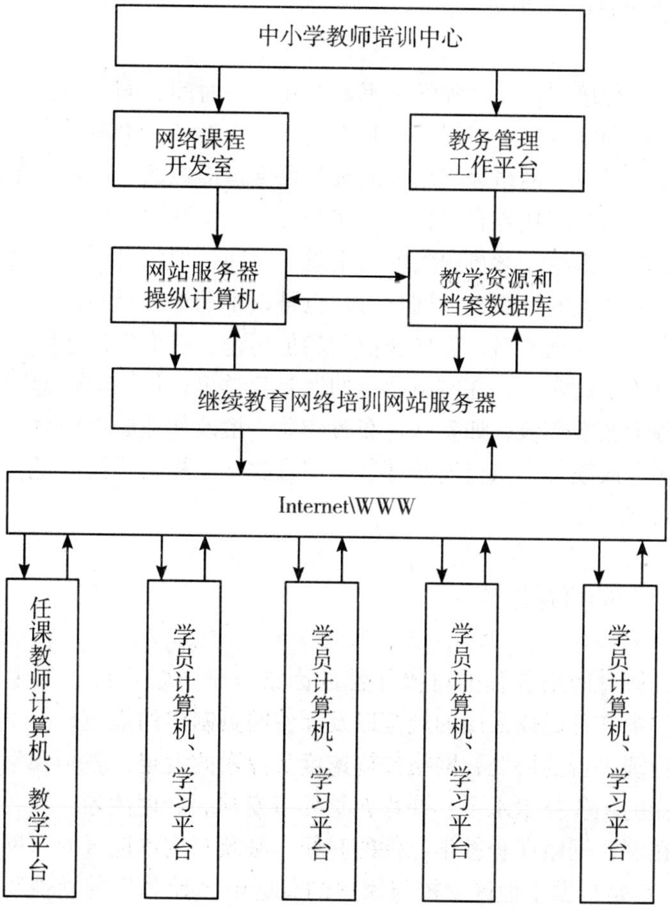

图 3－1　中小学教师继续教育网络远程培训系统

第二节　中小学教师继续教育网络远程培训的基本特性

现代的中小学教师继续教育课程网络远程培训模式与传统的集中培训模式和远程教学有很大的区别，掌握网络远程培训的基本特性，有利于设计、开发和利用网络远程培训这个先进系统。中小学教师继续教育网络远程培训具有如下八个基本特性。

一、教学课堂的虚拟性

进行网络远程培训，教师和学员不需要在同一时间、同一地点进行教学，也不需要安排教师和学生集中在课室或某一场所进行教学，更不需要亲临课堂面对面讲授和发言，所以，网络远程培训的教学课堂是虚拟的。虚拟性是网络世界里利用现代信息技术在现代媒介平台上普遍表现的一个基本特性。

教学课堂的虚拟给了学员很大的自主学习空间，他们可以自由选择规定期限内的某时间、某地点的计算机上网学习，也可以主动地选择某课程、某章节浏览学习，还可以主动查询资料、完成作业、参加讨论、咨询任课老师。

虚拟不等于无真实性，在网络课程的课堂教学里，任课教师遵循传统教学的规律，重视各个教学环节，如备课、布置作业、批改作业、组织讨论、答疑、出卷、考核、评定成绩等，执行这些环节跟课堂教学一样，不同的是，任课教师和学员不需谋面就可以完成。

二、教与学的可操作性

影响远程教育网络课程的可操作性的因素有学员学习设备的硬件和软件条件，网络课件中各种媒体采用的规范以及课件网页制作的规范，教学平台、学习平台和教学管理平台的协调，网络传输速度及像素的设定，教师和学员对网络计算机及浏览器的操作技术水平，课程教学环节安排的合理性等。

因此，在制作网络课程教学课件的时候，必须制定本地区的《网络课程制作技术标准》，它是根据本地区学校与家庭的普通电子计算机的硬件环境及上网条件所制定的资源规范。地方制定资源规范，可以使不同的课程制作者制作出来的网络课程课件协调一致，确保其在本地区的教学中适用，确保任课教师、学员和教务管理员都能够正常操作。

三、教学时空的错位（异步）性

网络远程教学一举打破了集中课堂教学中时间、地点和人数的局限性。任课教师可以选择任意地点，利用电子计算机上网教学，学员也可以选择任意时间和任意地点用计算机上网浏览、学习。远程教学不受统一时间和地点的限制，教学过程不再是一个同步的，而是一个异步的、发散式的过程，这被称为教学时空的错位性。

任课教师的教学网页是不分昼夜对学员开放的，教学时空的错位给网络培训的学员以方便、灵活和最大的学习自由度，他们可以在任何时间、任何地点进行学习。除此之外，学员还可以自己掌握学习进度。这些特性对于在职学习的学员就显得更为重要。学员可以根据自己的时间、学习能力等条件来安排自己的学习进度。不同的学生沿着不同的学习路径，完全可以取得相同的效果。

教学时空的错位，拉近了教与学的时间和空间的距离，改变了参加课堂学习的时间差和地点差。学员认为参加网络远程学习不用赶车，不用赶时间，不用赶地点，也可以避开白天繁忙的教学活动，利用适当的双休日或晚上的时间进行学习，感到很满意。学员在参加学习的过程中还感到学得自由、学得主动、学得深刻，因此，他们对远程教学的网上学习有着极大的兴趣和积极性。

四、网络学习的同源性

Internet 上的网页是教学信息取之不尽、用之不竭的源泉。任教教师编写的教学网页，首先简明扼要地向学员提供必要的教学内容和学习导航，指导学员从互联网上获取更多的与教学相关的内容。网络学习课程的教材网页和相关网页可以互相链接、融成一体，这就是网页教材与网页信息的同源性。

网页教材与网页信息同源性的特点，给教学提供了最大的丰富度，向学员提供了更宽、更深的知识层面。例如，网络课程《药用植物》中有一道作业题："上网后找出 1 ~2 个有关中草药市场的网页，把它们的网址记录下来。在网上查出现在贸易市场上人参（包括野山参、高丽参、生晒参、红参）、冬虫草、西洋参等商品中的上等品价格。（本作业列表简答通过讨论室发表并互相参考）"这道作业是利用网页教材和信息同源性指导学生从网上获取名贵中药的市场知识的例子，其中的"西洋参"主产地不是中国，它的真实市场价格必须搜索国际上的网页信息才能够找到。互联网是一个巨大的资源库，是知识的宝库，充分利用这个资源库可为学员提供多种学习便利。同时，对教学中难点问题的解答，学员遇到的问题的答案，也能成为其他学员参考的共享资源。

五、教与学的互动性

网络教育最重要的一个特性是具有良好的交互性能，而这一点正是使用广播、电视、函授等传统媒体开展远程教育难以弥补的不足。教育的过程就是沟通的过程，教师和学生、学生和学生之间的互相交流、互相讨论、互相沟通是教育的一个重要环节。因此，开展网络教育一定要充分发挥其良好的交互性能。

过去的课堂教学的弊端是老师与学生的双边互动性较差。网络远程培训运用了页面讨论室、网上调查、电子邮件、实时答辩、活页通知、成绩公告、优秀作业专页等多种多样的互动方式，有效地构建了师生的互动性。实践证明，部分学员与任课教师在课程教学中虽然从未谋面，但通过课程的学习，在课程结束时往往成了新课程教学改革的良师益友。

六、学员的主体性

现代教育注重的是个性化发展。个性是指个人稳定的心理特性，包括个人的性格、兴趣、爱好。中小学任课教师网络远程培训可选择资源充分、学习方式灵活、为个人兴趣的发展提供了充足发展空间的课程。学员可以根据自己的教学爱好和专业特长去选择自己想学的课程，根据自己的工作时间去安排学习，从而实现自己的发展目标。

建构主义学习理论认为，学习过程是人的认知思维活动的主动建构的过程，是人们通过原有的知识经验与外界环境进行交互活动以获取、建构新知识的过程。根据这一理论，任课教师不再是教学内容的传递者，而是教学活动的组织者；学员也不再是教学内容的被动接受者，而是知识的主动获取与建构者。教师从以教授知识为主变为以指导、辅导学生的学习为主。

网络培训采用多种多样的互动方式，不受呆板的传统课堂环境的束缚，没有教师的一言堂，学员之间不受时间、地点的约束，可以充分地通过自主学习、协作学习和主动学习以及自由地自我表达和交流①，形成一种优良的学习氛围，真正成为教学中的主体。任课老师按需要及时发表指导意见，引导学员深入讨论，最后通过对学员的多次发言的内容和态度进行全面考察，评定每一个学员的学习成绩。在网络培训课程教学过程中，师生之间的任何信息交流都会引起学员的广泛注意，这比在课堂教学中要活跃得多。

---

① 王陆，冯红．远程教育学习系统中影响学习质量的五种因素［J］．电化教育研究，2000（7）：22～25

七、教学资源的优越性

中小学教师培训的课程和教学内容，需要随着课程改革和科学技术的迅速发展而及时更新，尤其是新出现的更鲜活的教学案例，反映出最新的科研成果，应及时补充到教材里。但是，传统的教学媒体很难做到这一点，特别是那些经典的教材不可能在短时间内修订再版。相反，网上课程教材内容的修改和补充易于操作，能很快完成并及时再挂网授课。

网络上的教学资源很丰富，所需要的最新或过去的资料，通过搜索关键词的方法可以瞬间找到，同条关键词往往可以提供多条备选内容。不少网页上的教学资源，如网上授课的文字、图片、声频和视频等还可以下载，学员可以重新组合使用，这提高了他们投入课堂 CAI 教学的积极性，从而推动了中小学课堂教学的改革。

八、教学与管理的自动化

电脑有着巨大的信息处理能力和储存能力，利用电脑的这种特性，大部分教学和教学管理工作都可以在网上进行。如任课教师在自己的工作平台上就能够布置客观题自动评阅和登分、查阅学员的全部讨论发言、答疑和发布通知；学员在自己的学习平台上能够选课、注册、缴费、了解学习时间的安排、浏览课程内容、提交作业和讨论、查阅学习成绩等；网络数据库可以记录每个学员的姓名、年龄、学号等个人资料；学员每次在网上学习所用的时间及每次完成作业的情况，每次的考试成绩和期末考试成绩也都被网络自动记录在案。所有这些记录构成了学员完整的学习资料。这些资料随时可被学生和教师调出来查阅（根据每个人的权限，查阅的资料也有限制）。和传统教育相比，网络远程培训管理的自动化可以节省参与者的大量时间、人力和费用。

第三节　中小学教师继续教育网络远程培训的阶段性发展

“远程网络教学的起源从教学技术手段而言，是计算机辅助教学（computer assisted instruction）网络化的产物”，“从教学方式而言，又是远程教学在当代发展的最新阶段”①。中国互联网的建成和向社会提供接入服务，使远程教学形成了以计算机网络为基础，集计算机多媒体技术和网络空间数字技术于一身的综合教学模式。

---

① 陈群平，李静等. 国外高校现代远程网络教学发展综述［J］. 现代远距离教育，2001（2）：48～52

一、中小学教师继续教育网络培训的萌芽阶段

前面讨论过，Internet 成为开展中小学教师继续教育网络远程培训的先决条件，没有互联网，远程培训就不能够称为网络远程培训。我国于 20 世纪 90 年代初建成了国际互联网，在中国公用计算机互联网（chinanet）建成启动之后，1995 年 1 月，中国电信开始向社会提供 Internet 接入服务。我国中小学教师继续教育网络培训的萌芽阶段是从 1995 年 1 月中国电信向社会提供 Internet 接入服务开始的。

在萌芽阶段的中小学教师继续教育网络培训，还没有开发出适合我国中小学教师继续教育可以挂网的网络课程，提供给教学使用，网络培训其实仍然以集中培训为主，以网络为辅。"以网络为辅的网络教学指的是将网络作为教学活动的辅助手段之一，教学活动的中心依然是人，是教师和学生，教学活动的环境仍然是学校，教师和学生共处同一空间，网络只是总体信息环境的积极补充部分。以网络为辅的方式更接近我们过去的经验。"①因此，中小学教师继续教育网络培训的萌芽阶段可以理解为以网络为辅的网络培训阶段，学员把网络作为学习资源和工具。

以网络为辅的网络培训的萌芽阶段有以下特征：

（1）网络培训的萌芽阶段还没有使用专门的服务器，没有建立网络远程培训网站，没有形成网络培训的网络教学系统。这个阶段，我国没有在 Internet 上出现名副其实的网络远程培训中心或者网络学校。

（2）任课教师和学员还是以直接课堂授课为主，以网页辅助教学为辅，没有直接使用网络授课，没有网络课程挂网授课。这个阶段出现了一些从印刷版转变成电子版或者网络版的教材供学员浏览，但是缺乏传统教学的各个环节，没有形成课程教学。

（3）在 Internet 上出现任课教师的个人教学主页网站，这里称之为任课教师的网络辅助教学，英文缩写为 WAI（Web Assisted Instruction）。网络辅助教学（WAI）与计算机辅助教学（CAI）的概念完全不同，任课教师教学辅助网页给学员提供了生动、灵活、多变的网页界面，丰富多彩的文字、音频、视频学习资源，构建了教师和学生教学的双向沟通，弥补了课堂教学的缺陷。

（4）网络媒介成为任课教师与学员进行沟通的通道。任课教师与学员进行双向沟通的主要形式有聊天室（BBS 留言板）和电子信件（e-mail）。聊天室具有教师与学生、学生与学生多维的或单维的文字自由交谈功能。学生在这里共同讨论教师为课程专门设置的问题，各抒己见、互相交流、共同提高，同时这里也是

① 李艺. 网络教学的概念与实践［EB］. http：//www. etc. edu. cn/academist/liyi/computer. htm

教师全面考查学生和启发学生的好场所。电子信件具有学生联系任课教师和任课教师解答个别学生疑难问题的通道功能。在这里，教师对学生个人学习中的疑难问题给予解答，必要时教师可以公开该问题并加以解答，以启发全体学生。

二、中小学教师继续教育网络培训的发展阶段

清华大学于1997 年9 月建成了包括一个主站和20 多个小站的网络远程教育系统，并播出了高新技术讲座课程；1998 年9 月，教育部批准清华大学、湖南大学、浙江大学、北京邮电大学作为现代远程教育试点；2000 年7 月，国家颁布了新的政策，允许网络大学自行招生。我国中小学教师继续教育网络培训的发展阶段就是从清华大学1997 年9 月建成远程教育系统开始的。

在发展阶段的中小学教师继续教育网络培训，已经建立了网络远程教育系统，有网络课程挂网授课，学员以网络为学习手段，学习以网络为主，已经脱离了集中培训模式。

以网络为主的网络培训在此发展阶段具有以下特征：

（1）在网络培训的发展阶段已经使用服务器建立专门的网络远程培训网站，形成网络教学系统，仿照传统教学的管理方法进行招生和开课，出现了名副其实的网络远程培训中心和网络学校。

（2）以网络环境为主要支撑，借助网络传输和计算机，任课教师和学员不在同一地点进行授课，不需要集中、亲临同一课堂进行面对面讲授和发言，已经实现了课堂教学的错位性和虚拟性。

（3）普遍采用实时网络课程进行教学，即任课教师在直播教室上课，进行录像后，通过软件加工，根据教师讲课内容，配上电子教案，制成教学课件，再通过培训中心服务器以及网络传输，输送到各个教学点的计算机，将课程接收下来，学员在指定的教室里集中听课，用彩色投影机浏览任课教师的讲课。在进行实时教学活动中，任课教师还可以利用网络作为实时传播通道，将教室里集中听课的学员，经过录像和软件加工，实现形象、声音、图形以及文字层面的沟通。

（4）实时网络课程教学，对传输的速度有一定的要求，使用56K Modem 是不能实现的。因此，实时网络课程教学必须采用窄频带的视频会议系统（如ISDN 或ADSL 技术）或者宽频带的实时群播系统以及卫星通讯的IP 数据广播系统进行教学。

三、中小学教师继续教育网络培训的成熟阶段

非实时的教学活动是通过非同步互联网技术来实现的，教师将经过教学设计的教学材料用某种适宜的方式放到网络服务器上，学生在任意时间、任意地点，

通过链接教学网站来实现学习。这种方式克服了实时传输占用带宽资源及对网络稳定性依赖较强的缺点，给了学生更多的选择空间。在这种教学活动方式中，师生的交流可以用教师定时定点（网站）辅导、网络答题系统（如聊天室、e-mail）等方式来解决。我国一些网络远程教育试点高校尝试采用了非同步互联网技术（如ATM技术），据使用单位反映，这种技术综合效果优于同步互联网技术，其主要原因之一可能是我国网络的带宽资源相对紧张和网络系统稳定性较差。

成熟阶段的网络培训有以下特征：

（1）分别建立任课教师教学平台和学员学习平台，这不仅可以进行实时教学，而且更方便学员进行非实时的、主动的学习。在学员的学习平台界面（网页）上，有明显的学习进度和课程内容目录的导航可供选择，还有多种学习环节和学习功能的导航供选择，不受时间和地点限制，不再需要长时间收看教师讲课的录像或录音，而是使用多媒体优化组合的网页教材课程进行自我学习。

（2）以网络环境为支撑，以网络课程为核心，放弃电视上以讲课教师为主体的形式，倡导学员自主学习。学员自由、主动地浏览课程网页，运用学习平台上所有的学习导航自主学习，真正成为教学的主体。

（3）任课教师不再单纯地出现在屏幕的主讲台上讲课，而是彻底改变了报告式、一言堂的培训。任课教师真正成为教学的组织者和指导者，尊重学员的学习需求和个性发展。任课教师更重视现代多媒体教学素材的优化组合、现代多媒体与学科的整合及探索在网络网页条件下教学的新方法。

（4）教学评价实现评价的内容多元化、评价的方法多样化、评价过程自动化。例如，学员何时上网学习，学习时间多少，完成作业多少，有没有参加网上讨论，有哪些观点，客观题取得多少分等，数据计算机可全部即时自动统计并可供查阅。

中小学教师继续教育网络培训的成熟阶段划分应该以各个地区城市媒体优化组合的网页教材课程时间计算。目前，据我们所知，最早制作和正式挂网使用网页教材课程的是广州市中小学教师培训中心，他们用FrontPage软件研究制作了《青少年科技活动指导》、《应用植物学》两门网络网页课程，于2001年2月建立了专用网址和主页挂网授课。①

思考题

1．为什么说“开发网络课程资源是实行中小学教师继续教育网络远程培训的核心条件”？

---

① 李富潮．广州市继续教育课程WWW远程教学模式的探讨［J］．广州大学学报，2003（6）：75～77

2. 你认为现代的教师继续教育课程网络远程培训中教与学的互动性和学员的主体性应该有些怎样的功能或表现?

3. 教师继续教育网络培训成熟阶段有什么特点或特征? 非实时的教学活动是通过非同步互联网技术来实现的, 教师将经过教学设计的教学材料用某种适宜的方式放到网络服务器上, 学生在任意时间、任意地点, 通过链接教学网站来实现学习。此时的中小学教师继续教育网络培训是否已经达到成熟阶段?

第四章　中小学教师继续教育网络培训资源

内容提要

教学资源的建设是现代远程教育工程建设的核心。本章的主要内容包括：

1. 网络培训资源的含义、类型和特点
2. 网络课程的定义、设计原则、基本格式和课程制作规范
3. 网络课程网页课件的制作流程、评审的组织和网络课程技术评审标准
4. 网络课程教学的教务管理、教师的教学管理和网络课程教学资源管理

网络培训资源是支撑网络培训的软件和硬件，是教育信息化的基础。资源的基本类型有环境资源、人力资源和信息资源三类，网络培训资源包括中小学教师继续教育网络培训系统中被应用于培训目的各种类型的资源，中小学教师继续教育网络培训的网站管理、虚拟课堂、教学过程、教务管理和学籍档案管理等都是通过这些资源的应用和运作才能够实现的。现代远程教育工程建设的核心是教学资源建设，网络培训资源是中小学教师继续教育网络培训系统工程建设中的重点和核心。

第一节　中小学教师继续教育网络培训资源概述

网络培训资源由三部分资源构成，分别是网络培训环境资源、网络培训信息资源和网络培训人力资源。网络培训人力资源是重要的资源，教师是人力资源的主体，教师的识别、选择、加工、处理、传递和创造信息的能力，以及教学知识、理念、方式和方法等经验及个人的积极性和能动性，一起构成了网络教学的重要资源。网络培训环境资源是继续教育网络培训的保障，要使继续教育网络培训顺利进行，就需要设计合理、传输顺畅、操作方便和个性化的教学平台与学习平台。严谨、明确、制度化和自动化的教务管理，能让任课教师的教学工作得心应手，让学员的学习灵活自由。网络培训信息资源则是继续教育网络培训的核心

资源。由于网络培训资源的构成面广，本章所讨论的教师继续教育网络培训资源主要是教师继续教育的网络培训信息资源，换句话说，就是以网络培训信息资源为主的网络培训资源。

一、网络培训资源的含义

中小学教师继续教育网络培训资源是指为中小学教师继续教育培训目的而专门设计的或者能被用于培训服务的各种资源。网络培训资源是经过数字化处理的，可以在计算机上和网络环境下运行的多媒体材料或教学系统，如数字视频、数字音频、图像、图片、电子文档、习题库、试题库、网络课件、网络课程、文献资料、案例、相关网页、电子邮件、计算机模拟、在线讨论、在线作业、教学平台和学习平台等，这些资源便于任课教师在教学中组织、存储、管理和使用，让学员浏览、查询、下载和应用，激发学员通过自主、合作、创造的方式来搜集和处理信息，从而使继续教育培训数字化，应用现代网络技术和多媒体技术完成中小学教师继续教育。

根据2002年2月4日教育部发布的〔2002〕1号文件《现代远程教育技术标准体系和11项试用标准V1.0版》里的《CELTS－31：教育资源建设技术规范》[①]（CELTS是中国教育信息化技术标准Chinese E-Learning Technology Standardization的简称），教育资源建设可以有以下四个层次的含义：

（1）素材类教育资源建设。素材类教育资源是教育资源建设的基础。素材类教育资源分为八大类：试题库、试卷素材、媒体素材、文献素材、课件素材、案例素材、常见问题素材和教育资源索引。

（2）网络课程建设。网络课程是教育资源建设的核心。网络课程是按照学科知识体系以及网络教学的要求，对各种教育资源的综合集成。

（3）资源建设的评价。资源建设的评价是通过评价筛选优秀的教育资源。

（4）教育资源管理系统的开发。教育资源管理系统的开发是工具层次。

二、网络培训资源的类型

教育部《CELTS－31：教育资源建设技术规范》中所规范的现代远程教育资源主要包括以下九类：

（1）媒体素材。媒体素材是传播教学信息的基本材料单元，可分为五大类：文本类素材、图形（图像）类素材、音频类素材、视频类素材、动画类素材。

（2）题库。题库是按照一定的教育测量理论，在计算机系统中实现的某个学

① 中华人民共和国教育部．CELTS－31：教育资源建设技术规范［S］．2002

科题目的集合，是在数学模型基础上建立的教育测量工具。

（3）试卷素材。试卷素材是指各个学科有典型意义的试卷集合。

（4）课件与网络课件。课件与网络课件是对一个或几个知识点实施相对完整教学的用于教育、教学的软件，根据运行平台划分，可分为网络版的课件和单机运行的课件。网络版的课件需要能在标准浏览器中运行，并且能通过网络教学环境被大家共享。单机运行的课件可通过网络下载后在本地计算机上运行。

（5）案例。案例是指有现实指导意义和教学意义的代表性的事件或现象。

（6）文献资料。文献资料是指有关教育方面的政策、法规、条例、规章制度，对重大事件的记录、重要文章、书籍等。

（7）常见问题解答。常见问题解答是针对某一具体领域最常出现的问题给出全面的解答。

（8）资源目录索引。资源目录索引是指列出某一领域中相关的网络资源地址链接和非网络资源的索引。

（9）网络课程。网络课程是通过网络表现的某门学科的教学内容及实施的教学活动的总和。它包括两个组成部分：按一定的教学目标、教学策略组织起来的教学内容和网络教学支撑环境。

三、网络培训资源的特性

这里主要讨论网络培训信息资源的共同特性，也涉及网络培训环境资源的特性，但不包括网络培训人力资源的特性。网络培训资源的特性有规范性、兼容性、可持续性、传输的及时性和共享性、交互性等。

（一）网络培训资源的规范性

网络培训资源的规范性是为资源的开发者提供一致的标准，以统一开发者的行为，达到资源基本属性结构的一致性，以实现资源在网络区域内的广泛共享。网络培训资源的规范性为任课教师和学员对教育资源的查找、评估、获取和使用提供最大效率的支持，为不同资源数据库系统实现数据共享和相互操作提供支持。

为了实施网络培训资源的规范性，主管网络培训资源开发的部门制定了网络培训资源建设技术规范。广州市中小学教师继续教育课程设置与评审委员会2005年发布的《广州市中小学教师继续教育远程教育网络课程制作指引（试行）》，就是中小学教师继续教育网络培训主管部门制定的网络培训资源建设技术规范。该指引提供了强制的资源技术最低要求和推荐的资源评价指标，以保障教育资源的质量和使用价值。

教育部《CELTS－31：教育资源建设技术规范》主要从以下四个角度进行规定：

（1）从资源的技术开发角度，提出一些最低的技术要求。

（2）从用户的角度，为方便其使用这些素材，需要对素材标注具体属性。

（3）从资源评审者的角度，提出教学资源的评价标准，作为用户筛选资源的直接依据。

（4）从管理者的角度，提出管理这些素材的管理系统的体系结构以及所应具备的一些基本功能。

地方制定资源规范时必须保持与全国“教育资源建设技术规范”和“现代远程教育资源建设技术规范”的一致性。

（二）网络培训资源的兼容性

所有制作的网络培训资源必须在近几个版本的计算机操作系统中具有兼容性，同时，其视频、音频文件制式和播放器，网页元素和浏览器，应该具有普遍的兼容性。此外，计算机屏幕的分辨率、网络传输速度等也都应具有普遍的兼容性。

主流计算机操作系统 Windows 的更新换代，会影响计算机外围设备驱动程序的更新和使用。多媒体使用软件的更新和使用，也间接或直接影响网络培训资源的设计、制作和使用，所以，网络培训资源的兼容性还是一个能引起广泛重视的问题。

（三）网络培训资源的可持续性

网络培训资源可以反复使用，并且根据发展的需要，它还可以修改或升级，这称为网络培训资源的可持续性。

与网络培训资源相比，笔录印刷培训资源具有更多的优越性，贮存容量大，传输速度快，搜索方便，翻阅简便，存放耐久，删改容易。这些优越性更能造就网络培训资源的可持续性。网络培训资源可以完全不用纸张，比起花费大量纸张的笔录印刷培训资源来说，是真正意义上的再生资源、可持续发展的资源。

（四）网络培训资源传输的及时性

网络培训资源具有一键即到、使用方便、更新及时、更改方便、不受时间和地点的控制等特点。学员可以在任何时间、任何地点进行学习，自己掌握学习进度，根据自己的时间、学习能力等条件来安排自己的学习，真正实现现代倡导的、在职中小学教师欢迎的继续教育方式——自主学习方式。传输的及时性，不仅有利于学生学习的自主性，而且教与学、学与学之间的交互性和教学资源的共享性都能得以充分实现。

（五）网络培训资源的共享性和交互性

网络培训资源应用设备主要包括教学资源数据库和网络教与学平台两部分。网络培训资源以数码形式储存在硬盘里，加之当今的硬盘容量早已突破 100G 大关，网络培训资源信息量大、增长迅速、内容丰富、形式多样、格式规范、存取容易，有利于网络资源得到共享和交互。目前，网络培训资源共享的普遍方式有多层次目录导航、网页搜索、标题搜索、关键词搜索、作者搜索、专题或个人网站等。

网络技术的发展大大加强了信息的交互渠道，速度快，传输量大，方式多样化，同时，改变了传统的邮寄、电话和电报的邮电等专一方式。现代网络培训资源交互的渠道有 e-mail、BBS（留言板）、主题讨论室、教学答疑、教学通知、个人主页、QQ、博客等。

网络培训资源的普遍共享方式和交互渠道，全部可以在任课教师的教学平台和学员的学习平台中设置，以供教师和学员在教学过程中自主使用。

第二节　中小学教师继续教育网络课程的开发

传统课程理念认为，至少要有教学目标、教学内容及教学重点难点、教学安排及进度、主要教材和参考资料、作业题及考试内容、教学方法和评估方式等主要的教学环节，才能称之为课程。网络课程是在传统概念上发展起来的，也需要各个必要的教学环节，组成一个完整的教学过程。但是，网络课程又是在网络和计算机的使用中完成的课程——虚拟的教室、虚拟的讨论室和虚拟的教学环境。因此，网络课程与传统课程在设计、编著和制作等方面都有着极大的区别。

一、网络课程的定义和设计原则

（一）网络课程的定义

课程是指在学校的教师指导下出现的学员学习活动的总体，其中包含了教学目标、教学内容、教学活动乃至评价方法在内的广泛的概念。网络课程仍属于课程的范畴，它是具有一定目的性和结构性的学习经验，这种学习经验是通过学生与学习环境的交互而获得的。但由于网络课程是基于网络这一特定环境来传递教学信息并开展教学活动的，因此，它又具有不同于一般课程的特性。

何克抗对网络课程的定义是在对有影响力的四种定义作了进一步分析的基础上才综合出来的。

（1）网络课程是基于 Web 的课程，即在因特网上通过 WWW 浏览器来学习的课程（从学习的工具、手段来定义）。

（2）网络课程是体现现代教育思想和现代教与学理论的课程（从指导思想、理论基础来定义）。

（3）网络课程是基于资源的学习、情境的学习和协作的学习（从建构主义学习环境所涉及的三种特征来定义）。

（4）网络课程是指学习过程具有交互性、共享性、开放性、协作性和自主性等主要特征的课程（从学习过程的特征来定义）。

上述四种关于网络课程的定义都有其各自的根据，也有其合理性，在目前都具有较大的影响和应用范围；但是由于它们都只考虑网络课程某一方面的特征，所以还存在一定的片面性。如果能在上述四种定义的基础上作进一步的综合，我们就能得到一个比较科学、全面的网络课程定义："网络课程是在先进的教育思想、教学理论与学习理论指导下的，基于 Web 的课程，其学习过程具有交互性、共享性、开放性、协作性和自主性等基本特征。"①

教育部《CELTS－31：教育资源建设技术规范》是这样定义网络课程的：网络课程就是通过网络表现的某门学科的教学内容及实施的教学活动的总和。它包括两个组成部分：按一定的教学目标、教学策略组织起来的教学内容和网络教学支撑环境。其中，网络教学支撑环境特指支持网络教学的软件工具、教学资源以及在网络教学平台上实施的教学活动。

真正意义上的网络课程是借助网络技术环境，针对某一门科目的开设、完整教学过程以及教学活动的教学课程。它必须包括课程属性、课程内容、课程目标、课程教材、课程安排、教学进度、学法指导、实践讨论、练习试题、教学评估等教学过程和教学活动，包括课程开设、报名注册、教学指令、考勤记录、成绩登记、学分档案、档案查询等教学管理。

综上所述，网络课程的定义可归纳为：网络课程是基于 Web 的，以超媒体形式表现的，以异步学习为主的课程；它是基于 Web 传输的，为完成某学科或领域的教学目标而设计、组织起来的相对完整的学习经验体系。它包括围绕特定学习目标而设计组织的学习内容、为实施课程而设计的交互性学习活动以及为评价课程效果而进行的测评等，是学习内容与学习活动的复合体。

（二）网络课程的设计原则

1. *科学性原则*

课程学习内容要具有科学性，能反映课程所涉及学科的科学知识、科学技术及其最新发展；所选用的材料、例证、推理都必须是科学的、符合客观实际的；各种操作必须准确、规范；所选用的图片、音频、视频、动画等都要符合科学的要求。同时，各种表述要准确、规范，行文流畅，符合知识的内在逻辑体系和学员的认知规律。

2. *现代教学原则*

运用现代的教育理论、教学方式方法和认知规律，既要注重网络教学过程中学生的学习建构，也要注重教师的引导与帮助，调动学员自主学习的积极性，以学员为本，倡导终身学习的新理念。

3. *交互性原则*

网络课程要有良好的交互性，能够让任教者和学员之间、学员和学员之间沟

① 何克抗. 现代教育技术和优质网络课程的设计与开发［J］. 中国大学教学，2005（1）：16～21

通和互动，并且能够对学员的活动和需求作出相应的反馈。

4．创新能力培养原则

网络课程应采取多种教学策略，激发学员的创新意识，提高学员的创新能力。

5．协作性原则

充分发挥网络教学优势，为学员协作学习和协同工作提供网络工具和空间。

6．教学系统资源利用有效性原则

网络课程的制作要充分使用教学系统资源，如教学平台的功能设备、试题库、资料库等，使有限的资源得到最有效的利用。

7．界面友好原则

课程网页界面美观，适合运用各种网络媒体，符合学员的视觉心理要求，使用操作方法简单、快捷，提示信息清楚、准确、恰当。

二、中小学教师继续教育网络课程的基本要求

（1）必须为网络课程编写课程教学大纲和教学周章教学进度表，标明各章的教学目的要求、教学重点、教学难点和教学时数分配。必须填写“中小学教师继续教育远程教育网络课程开发项目申请书”（附件一，简称“网络课程开发申请书”），并且提供教学内容详细资料或提交脚本（具体的脚本参照附件“课件脚本撰写表格”）。

（2）网络课程必须满足在网络教学平台和互联网上运行的基本条件，必须使用教学平台上统一的功能设备，如“课程介绍”、“查询进度表”、“教师答疑”、“在线作业”、“在线自测”、“讨论区”、“课程通知”、“成绩公布”等。

（3）网络课程中各章必须有一定数量的完整的文字（电子稿），一定数量的规范的教学辅助网络媒体，如图片、视频、音频、动画小件、案例、文献等。

（4）必须为网络课程提供教学参考资料，如知识类、教法类课程应配套的案例、文献，技能类课程应提供相应的小课件、网上模拟操作。此外，还应提供Internet上相关的学习参考网页或论坛的链接地址等。

（5）必须为课程设计完备的作业（练习）和考查题。作业和考查题目应该尽量采用客观性命题，如判断题、选择题等，发挥远程教学平台自动评分的教学功能。主观性命题则采用讨论题、论述题、制作题或设计题等，并指定学员必须在讨论区发表或者在“在线作业”中完成。

（6）开发网络课程的任课教师应该是在该课程教学上具有丰富教学经验和造诣深厚的专家。任课教师及其领导下的教学组要有能力为学员提供疑难问题解答，并负责对该网络课程进行后期的内容更新和完善。

（7）为提高教学效果，网络课程的表现形式应采用文字说明、背景资料支

持、配音阐述、重点内容动画表现、图片展示、图形示意和视频、音频播放相结合，但要避免与教学内容无关的、纯表现形式的图片或动画。

（8）每门网络课程必须填写“中小学教师继续教育远程教育网络课程结构脚本表格”（附件二，简称“网络课程结构脚本”），提供给教学平台技术人员在完成课件挂网的技术调整和测试时使用。技术人员调整和测试课件时，必须与作者和制作者沟通和协调合作，保证准确表达课程的教学内容和教学设计的效果，同时又能充分发挥教学平台的公共教学功能，保障网络课程上网后能够准确、畅通、稳定地运作。

（9）经网络调试后的网络课程，提交中小学教师继续教育远程教学网络课程专家评审组评审合格后，才能正式挂网授课。评审合格后的网络课程，不得随便更改版面、内容和结构。

三、网络课程的两种基本格式

网络课程的基本格式有两种，即IP课程和网页课程。

（一）IP课程

IP课程模式是以录制教师课堂教学讲授形象和声音的视频和教学讲义板书内容为基本素材，在页面上进行合适分区的排版，同时设置互动、画面切换、作业等功能键，学员在终端机屏幕前如同在课堂上课一样。

IP课程是以教师在录播室摄制录像，以网页式播放为主的网络课程。课件网页的结构包括教师主讲视频画面、电子教案和教案索引三大部分。IP课程源于传统的电视远程教学，经过网络化发展而来。与电视远程教学相比，IP课程有它明显的优越性：它的网页界面的三个窗口大小和藏露均可以让学员自行调整，在即时网络传播条件下，学员和任课教师可以通过音频、视频和文本对话，互动交流。

（二）网页课程

真正意义上的网络课程是在网络技术环境下，针对某一门科目开设的、包含完整教学过程以及教学活动的教学课程，为了把真正意义的网络课程与IP课程区分开来，故称之为“网页课程”。电子书不能称为网页课程，因为网页课程必须包括课程介绍、课程教材、教学活动和教学管理四个内容。课程介绍包括课程描述、课程目标、课程安排、课程评估、课程要求，让学员了解本课程；课程教材包括教材的文本、影音文件或者专家讲座录像；教学活动包括教学的具体安排及实施、教学进度、教学交流、对学生每次学习后的作业要求、教学评估（对此部分，建议教学进度、作业要求都应该有一定的时效性，以保证教学的循序渐进和一定的教学质量）；教学管理包括教师广播板用以传递教师最新的教学指令，教师工作站用以处理学生注册、注销、档案、学习过程跟踪、作业档案查询等。

网页课程，已不必再冠以“远程”二字，因为无论冠以“远程”与否，网页课程均可以在网络上运行，并以其无可比拟的开放性、灵活性、交互性等优势在远程教学中占有不可替代的地位。

四、网络课程的制作规范

（一）网页课程制作规范

（1）网页课程制作分两个阶段进行：前期媒体素材制作的课程脚本阶段和后期脚本的网络转化阶段。

（2）课程的全部媒体素材的格式必须按照上述第六部分“媒体素材格式”要求进行处理和存储，分门别类地放入命名为“text”、“picture”、“audio”、“video”、“cartoon”的文件盒里，并且用文字清楚地描述各种素材使用时互相链接的位置和要求，提交给网络转化课程制作人员。制作人员根据任课教师提供的课程素材和文字脚本要求设计详细的制作脚本，经与主讲教师沟通并获其同意后进行课程的网络转化。

（3）网页课程的全部网页采用 800×600 像素，一般采用三层结构进行编辑制作。三层是指每个网页由三个框架结构组成，分别为标题导航区（banner）、内容索引区（contents）和教学讲义区（main），其中教学讲义区的长度不能超过 1 500 像素。

标题导航区：文字大标题和导航栏功能键和链接。

内容索引区：层叠式内容目录检索和链接。

教学讲义区：教学文本、图形、视频等显示区。

（4）课程的首页应该包含课程名称、任课教师姓名、必要的操作说明、各个教学单元（章、节）目录和导航区（栏）。课程的其他各页按照顺序以教学单元内容编制，每页中有章（节）名称、章（节）目录、讲义内容、转控制按钮（返回前页、返回首页、下一页）、定位提示条（使学员很容易识别当前位置）、参考网页地址（链接）和教学功能导航区（栏）链接按键等。

（5）页面布局合理，符合学员认知习惯，每门课程的网页应保持统一的风格和操作界面。网页色彩要与内容相适应，文字的字体和色彩应根据课程内容有一定的变化，但不宜变化太多；字号不宜太小，背景颜色应与字体前景颜色协调，以减轻屏幕阅读时的用眼疲劳。

（6）界面美观、大方、简洁、清晰，采用 800×600 像素分辨率。利用各种设计手段充分体现任课教师的网络教学策略，以达到引导学员学习的目的。

（7）课程导航区（栏）恰当利用多种导航形式，要求设计层次清晰、明确、简捷、灵活，便于学员操作使用。章节目录和导航按键可采用折叠式菜单目录。

（8）课程导航区（栏）有如下教学功能链接：

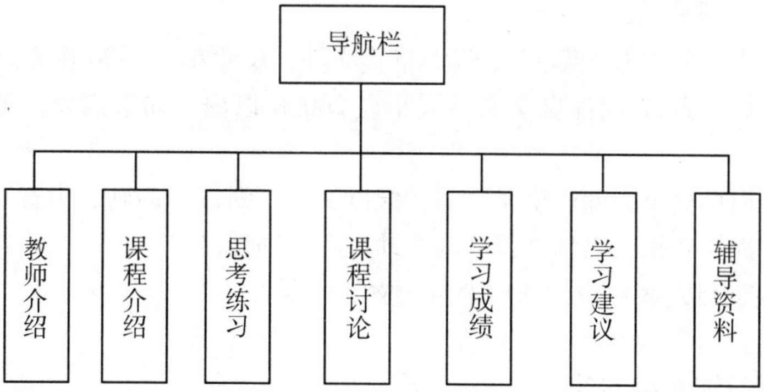

图 4-1　导航栏的链接

①教师介绍：教师的基本情况介绍，包括单位、职称、联系方法等。

②课程介绍：包括课程内容简介、适用层次及专业、教学目的、教学任务、教学特点、主要参考文献以及教学的指导思想和教学要求、教学内容、考核要求和教学进度等。

③思考练习：各章的练习题，包括客观题、主观题、实操题、在线测验等。

④课程讨论：设置讨论区（BBS、e-mail），让学员集中在这里就作业中讨论题的内容、学习中遇到的疑难问题通过文字发表或参与讨论。构建学员与学员之间、学员与授课者之间互动沟通的方便场地，营造协作解决问题、探究性学习的氛围。

⑤学习建议：阐述课程的学习目标、各章的教学要求、学习进度的安排、学习方式和作业要求，进行学法指导。

⑥辅导资料：组织丰富的文字（论文、案例、摘录）、图片、视频、音频和网站网址等多媒体资料，支撑课程的教学，拓展学员的视野，满足学员进一步探索的要求。

（二）IP 课程制作规范

（1）IP 课件由视频或音频、图片资料、动画资料及文本组成，其结构包括教师主讲视频画面或音频、电子教案和教案索引三大部分。播放平台要求适合 800×600 像素分辨率。

（2）视频播放区：

视频：每秒 25 帧（PAL 制），采用 Real 流媒体格式压缩。

尺寸：352×288 像素或 320×240 像素。

码率：标准 150 Kbps 以上。

音频：数字化音频的采样频率不低于 16 KHz，量化位数至少为 8 位，声道数建议为双声道；采用 Real 等流媒体格式。

（3）讲义播放区：

尺寸：讲义采用 HTML 嵌入 SWF 格式文件，尺寸 640×500 像素。

大小：每页 SWF 课件讲义文件大小在 200 K 以内，如果需要，可适当压缩到 300 K。

制作：根据提供的课件讲义脚本，配以文字、图像、动画、声音、视频、交互互动等多媒体效果，以增加课件的生动性和互动性。

（4）检索目录区：清晰的检索目录文字标题。

五、网络课程脚本的编写

（一）课程教学内容方面的要求

（1）根据经验，每门网络课程以 20～30 学时为宜，适合学员学习。以 30 学时为例，教学内容分设为 7～8 个单元（章），每章之下又设若干小单元（节）。每章字数不少于 1 万（不包括背景资料），即全课程字数为 7～8 万。

（2）课程的内容必须与课程选题相吻合，能够充分体现继续教育的特色，有利于增强学员的人文素养、科学素养、信息素养，提高学员的综合素质及实施素质教育的能力和水平。

（3）课程的内容应具有科学性、先进性和针对性，表现形式应符合本课程的内在逻辑体系和学生的认知规律。

（4）章节结构清晰，内容完整。每个教学单元应包括以下五个部分，即学习要点、内容结构（框图或图表等形式）、教学内容、思考题（讨论题）、参考教学资源并设计相应的教学测试内容。

（5）课程内容应尽量设计在线交互方式，以增强互动，促进学员在学习过程中主动参与和积极思考。

（二）网络教学策略运用方面的要求

（1）网上教学应尽量采取案例教学、任务驱动、问题讨论等教学方法，结合课程实际，设计相应的教学策略，以增强教学效果，实现学习目标。

（2）充分利用文字的特效，强化教学重点。

（3）恰当使用课程导航，引导教学活动。

（4）适度使用图像、音频、视频、动画等多媒体素材，解决教学难点。

（5）使用流畅、轻松、活泼的画外音、提示框（或有别于正文的文字）、主讲教师的小幅讲述画面，引入章节内容、章节概要，描述及再现重要知识点，力求体现虚拟教师引导学员进行学习活动。

（三）背景参考资料方面的要求

（1）根据课程需要，为教学内容里的概念、人名、定理、定律和重要知识点准备适当的背景参考资料，并在脚本中注明链接位置。

（2）根据课程内容准备案例、文献和小课件等必要的素材，并在脚本中注明素材对应的相关知识点的链接位置。引用的案例、文献和小课件要注明出处。

（3）提供课程使用的图形/图像素材原件，并在脚本中注明链接位置。

（4）根据课程类型和内容需要，采用适当的背景音乐，但需在脚本中注明插入（结束）位置。如果使用配音讲解，还需准备配音录音，汉语采用标准普通话配音，英语使用标准英语配音。

（5）提供课程中使用的视频、动画素材，并在脚本中注明链接位置。

第三节　中小学教师继续教育网络课程的制作和认证

一、中小学教师继续教育网络课程网页课件的制作流程

网络课程的策划应该由主讲教师和课件制作人利用课程多媒体原始材料，通过以下八个步骤的制作达到挂网授课的目的（见图4－2）：

（1）主讲教师和课件制作人参照网络课程制作技术标准，利用课程多媒体原始材料填写网络课程建设项目申请书和脚本简表，并递交中小学教师继续教育课程评审委员会。

（2）中小学教师继续教育课程评审委员会对申请材料进行开设课程的审理。结果有三种，分别是“通过课程开课评审”、“提供修改意见”发还修改、“不采纳开课及其原因”。

（3）通过课程开课评审的课程，由中小学教师培训中心（甲方）与课程主讲教师和课件制作人（乙方）双方签订网络课程制作协议。

（4）主讲教师、课件制作人依据网络课程制作协议和网络课程制作技术标准进行课件的素材加工和网页编制。

（5）中小学教师继续教育网络远程教育课程评审委员会对网页课程进行制作技术与效果审理，并决定是通过课件技术评审，还是提供修改意见发还修改。

（6）主讲教师就挂网后的课程表现与后期加工技术人员协作，对通过课件技术评审的课件以及脚本进行加工以达到教学的理想效果。

（7）教学平台后期技术加工，课件挂网调试，教师使用操练，布置练习题。

（8）经教务管理部门挂牌招生成功后，通知挂网授课。

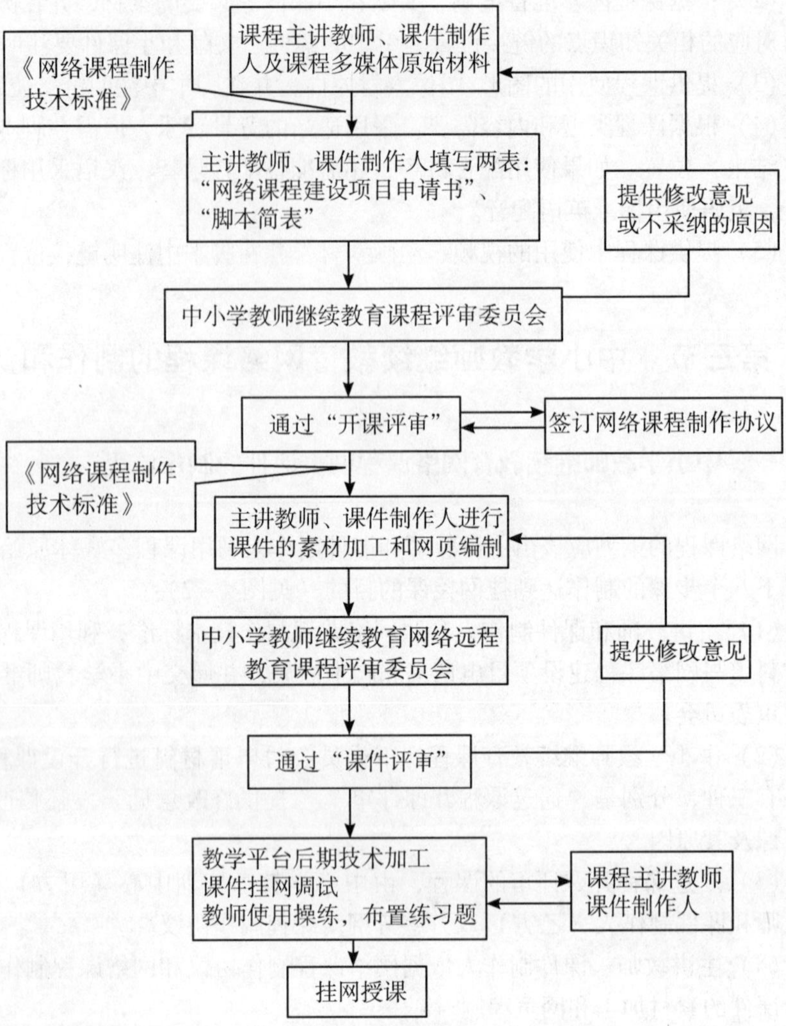

图 4－2　网络课程课件制作流程

二、课程评审和课程技术评审的组织

网络课程从主讲教师和课件制作人参照《网络课程制作技术标准》，利用课程多媒体原始材料，填写网络课程建设项目申请书和脚本开始到完成网络课程制作后挂网授课，经由中小学教师继续教育课程评审委员会和中小学教师继续教育网络远程教育课程评审委员会评审合格后才能够实现。

中小学教师继续教育课程评审委员会由教育局领导主持，由继续教育行政管理部门负责人、教师继续教育培训中心负责人和各个学科专家参与。该委员会对教师继续教育开设课程进行指导和评定，把握继续教育课程的开设和发展方向。继续教育网络远程教育课程的开设，首先要经过这个评审委员会的评审，合格之后才能与教师继续教育培训中心签订网络课程制作协议，开始课程网页制作。

中小学教师继续教育网络远程教育课程评审委员会由教师继续教育培训中心负责人、网络课程网页制作专家和网络课程教育专家组成。该委员会是专门对网络课程的制作技术和质量进行指导和监督的机构，所有网络课程的课件都要由该委员会五个以上的委员根据《网络课程制作技术标准》和《网络课程技术评审标准》进行评估、量化，评审合格后才准许挂网授课。

三、网络课程技术评审标准

网络课程技术评审是对网络课程制作质量的把关，是继续教育网络培训教学效果的保障，是资源建设和使用过程中不可缺少的一个重要环节。网络课程技术评审标准从教学性、技术性、适用性和艺术性等四个方面进行。

（一）教学性

教学性的评审是网络课程技术标准评审中的原则标准，权重 55 分。教学性的评审要求审查网络课程是否符合该课程的教学大纲的各项要求，是否按照《网络课程制作技术标准》整合课程多媒体资源，是否有利于学员的自主学习、主动学习和促进学员专业水平的发展。

教学性评审标准的权重 55 分，分配如下：课程定位清楚，有学习目标说明及学习方法指导，占 8 分；内容符合教学大纲的要求，结构合理，且恰当地运用多媒体表现，占 32 分；有扩展性内容及链接，占 15 分。

（二）技术性

技术性的评审，其要求是提供的网络课程网页制作技术、素材格式标准达到《网络课程制作技术标准》的要求和标准，课程网页内容中设计参考辅导材料，必须包括跨平台获取的学习材料。

技术性评审标准的权重 10 分，分配如下：素材格式等符合相关资源建设标准，占 6 分；可跨平台运行，占 4 分。

（三）适用性

适用性的评审是网络课程技术标准评审中的重要标准，权重 25 分。适用性的评审，要求审查整个网络课程的全部网页可用和合用，尤其要求检查网页的有效导航、有效链接、交互畅通和便于学习平台的操作。

适用性评审标准的权重 25 分，分配如下：具有交互性，占 8 分；导航有效，占 7 分；链接正确，占 6 分；有网络课程学习帮助，占 4 分。

（四）艺术性

艺术性主要是针对网页设计和多媒体素材而言，看其页面布局、清晰度、色彩和色调与教师培训环境是否协调，审查多媒体素材表现手法的多样性、情节的生动性、构图的合理性以及画面的灵活性等。

艺术性评审标准的权重 10 分，分配如下：页面布局合理，占 6 分；色彩搭配美观，占 4 分。

在网络课程技术评审标准中，权重总分 100 分，评审结果 60 分为及格，但是不等于同意开课。教学性的评审是网络课程技术标准评审中的原则标准，权重 55 分，该标准必须达标 90% 才能开课；适用性的评审是网络课程技术标准评审中的重要标准，权重 25 分，该标准必须达到 85% 才能开课。凡及格又不能达到开课要求的，发还修改。主讲教师和课件制作人参照评审专家的修改意见进行修改，重新提交网络课程评审委员会审查。

网络远程教育课程评审表

课程名称：　　　　　　评审专家签名：　　　　　　评审日期：

一级指标	二级指标	分值	得分	具体的意见与修改建议
一、教学性（55 分）	1. 课程定位清楚，有学习目标说明及学习方法指导	8		
	2. 内容符合教学大纲的要求，结构合理，且恰当地运用多媒体表现	32		
	3. 有扩展性内容及链接	15		
二、技术性（10 分）	1. 素材格式等符合相关资源建设标准	6		
	2. 可跨平台运行	4		
三、适用性（25 分）	1. 具有交互性	8		
	2. 导航有效	7		
	3. 链接正确	6		
	4. 有网络课程学习帮助	4		
四、艺术性（10 分）	1. 页面布局合理	6		
	2. 色彩搭配美观	4		
评审结果	请在是否同意开课后面的括号内打“√”	100		是否同意开课： 是（　）否（　）

思考题

1. 什么是网络培训资源？网络培训资源的范围包括哪些？

2. 你认为怎样定义网络课程更为合适？真正意义上的网络课程与相似的电视大学的“IP 课程”有什么本质的区别？你认为学员的课程首页界面上除了如图 4－1 所示的导航栏链接外，还需要增加哪些导航链接？

3. 参考“网络远程教育课程评审表”，你认为评价一门网络课程的一级指标和二级指标还应该有哪些标准？各自的权重应该是多少？

第五章　中小学教师继续教育网络培训平台

内容提要

本章主要从概念、学习支持服务、模式建构等方面探讨中小学教师继续教育网络培训的三种模式。本章的主要内容包括：

1. 中小学教师继续教育网络培训平台概述
2. 网络培训平台建设的依据
3. 网络培训平台的结构与功能
4. 网络培训平台的使用与维护

第一节　中小学教师继续教育网络平台概述

由于中小学教师工作繁忙，面对面授课的机会较少，而且学员与学员之间也较少交流，因此，我们开发了中小学教师继续教育网络教学平台，为教师在网上实施教学提供资源支持，同时要求平台应有屏蔽程序设计的复杂性，使教师能够集中精力于教学，也使网上教学从简单的教学信息发布变成一个充满交互与交流的虚拟学习社区。

网络教育平台是集网上教学、教务管理及资源管理的开放式平台，该平台为继续教育学院提供网上学习、辅导和实时交流等功能，建立适合学员以自主学习为主导的网上教学模式，充分体现了平台的易用性和广泛性。

一、广州市中小学教师继续教育网络平台

广州市教育局在2003年创建了广州市中小学教师继续教育网，在国内构建了首个开放、高效并在区域范围内大规模应用的教师终身学习体系，获得了教育部师范司与省教育厅领导的高度评价。

广州市中小学教师继续教育网是广州市中小学教师继续教育、现代远程教育

实施的重要组成部分。该网站既是我市中小学教师现代远程教育的门户网站，也是我市中小学教师继续教育的门户网站，对我市中小学教师的现代远程教育乃至整个教师继续教育实现了科学和规范的管理。该平台提供了中小学教师成长所必需的工具和资料，囊括信息中心、教师培训、校长培训、资源中心、教育 e 时代、交流园地、服务中心、关于网站等八大栏目板块，可供用户查询与浏览。

在纵轴方向，总部管理平台与学习中心管理平台是以教学教务管理为目标的平台组件，它们作用于网络教育从学员报名入学到网上招生录取、从学籍注册到学员毕业审定的全流程。在横轴方向，教师平台与学员平台是以教与学活动的网络支持为目标的平台组件，它们作用于学员学习活动的网络支持。

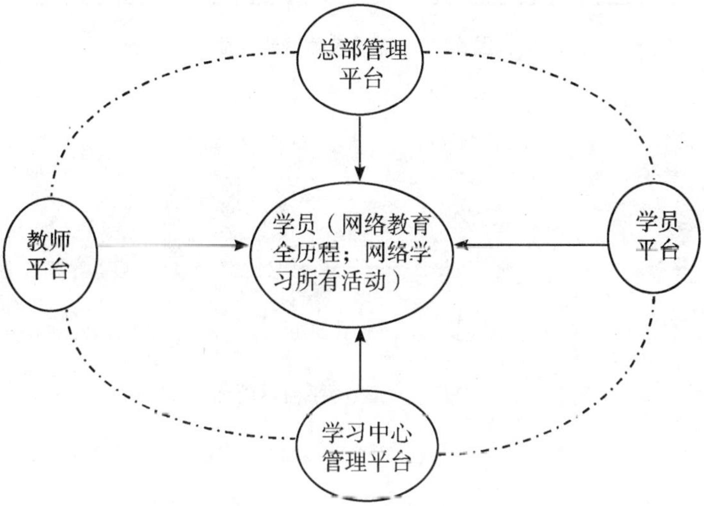

图 5－1　广州市中小学教师继续教育网络平台的结构图

二、教师平台

教师平台是网络教师开展远程教学活动的网上工作空间（如图 5－3 所示）。通过该平台，辅导教师可进入教师工作平台，实现辅导教师的网上教学管理，并提供教师与学员的互动反馈，可进行课程答疑、教学交流、信息发布、专题讨论等。

图 5－2　辅导教师登录界面

图 5－3　教师平台界面

三、学员学习平台

学员学习平台是学员进行网络学习的私人空间。每个学员都有专属于自己的学习空间，其功能主要集中于学员学习平台。

通过该平台，学员可以进入现代远程教育平台进行电子选课、网络学习、学习讨论、作业、测试、调查、考核、成绩查询和学分认证等。

通过该网站，我市教育行政管理部门和教师继续教育培训单位可以进入教师继续教育综合管理平台。该平台已为我市 9.1 万中小学教师提供有效的信息管理，实现市教育局组织人事处、区教育局组织人事科、市培训单位、14 个区（县级市）培训单位、23 个课程申报单位、3 713 所中小学校的分级管理。

四、平台的优点和特点

（1）网络教学功能丰富，包括多媒体授课、智能答疑、量化/非量化评价、网上考试、网上作业、交流工具等功能，可全面支持网络教学的开展。同时，该平台还提供了完备的课程管理、教务管理和系统管理功能。

（2）平台结构合理，整体具有相当的完备性、兼容性和可扩充性。

（3）平台为辩论、讨论、角色扮演、研究性学习等自主学习策略提供了支持，在探索网络教学的新型教学模式和策略方面作出了有益的尝试。

（4）平台构建了智能答疑系统，在学员提交问题时，系统可对领域知识库进行智能搜索，自动解答学员的问题。

（5）平台能够支持多种教学课件格式，操作简便，为培训者、学员开展网络培训提供了方便。

第二节　中小学教师继续教育网络培训平台建设的依据

中小学教师继续教育网络平台要能够充分发挥网络技术的特点，同时兼顾教师学习的特点，以达到知识共建、资源共享、共同提高的目的。平台要通过技术手段辅助教师的学习和科研，内容涉及教研、资源、学习、交流、答疑、评价等方面。中小学教师继续教育网络培训平台是为网上教学应用而设计开发的，对远程教学的支持主要体现在两个方面：用于对学习资源的支持和用于对学习过程的支持。网络培训平台的设计和开发需要遵循一定的教学理论和学习理论以及界面设计等理论，在理论的指导下，才能更好地为教学和学习服务。

中小学教师继续教育网络培训平台建设的依据主要有以下五个方面。

一、中小学教师的学习特点

对应于教师发展过程阶段，中小学教师继续教育是一个在工作实践中不断积累教育教学实践活动和经验的过程，是教学实际能力不断提升的过程。在此基础上，教师积极主动、有目的地参与教学目的和教学内容的设计，使课堂更加合理化，并在此过程中形成自己独特的学习观、知识观、学员观以及教育观等科学理念，最终达到最佳教育教学效果，因人因事、因地制宜地使用各种知识与技能、能力与条件、手段与方式。

教师继续教育网络平台提供教师成长所需要的资料和工具，学习知识经验，分享教学经验、研究工具，提供教师发展、管理、应用、分享与交流的经验，更重要的是形成教师成长群体。这些资料与工具为个体成长提供了支持，同时形成了群体互动成长社区。中小学教师的成长特征主要有：

（1）教师成长个体和群体互动。在中小学教师成长过程中，个体是与群体相结合的，在个体的学习成长过程中形成教师成长群体，从而使个体成长转向教师群体成长，而群体成长又有效地促进了个体成长。

（2）中小学教师网络学习与工作岗位实践相互融合。以网络资源工具作为辅助工具，为实际工作提供帮助和支持。

（3）实践行动是学习过程，也是学习的开始。任务和问题是行动的动力。培训的情境与他们的工作情况相似时，学习效果会更好。因此，培训应该以问题为中心，而不是以内容为中心。

（4）中小学教师的学习主要是在实践中学习，在合作、研究中学习，在交流中学习。中小学教师具有很强的参与性，如果他们在一个需要行动和参与的环境中学习，效果会更好。中小学教师是成年人，他们希望得到尊重，需要在一个安全的、被接受的环境中开展学习。他们与培训者之间应该有一种合作关系。

国内外大量的研究显示，在网络环境中，中小学教师继续教育的成长循环过程为：在实践工作中、在别人的经验总结中、在个人反思中产生问题与任务；教师个体制订解决方案，包括招募参与者；在工作实践中实施计划，同时反思过程，与合作者交流并调整实际过程；反思、总结操作过程中的经验并向群体成员展示。

二、现代学习理论

现代学习理论是心理学最早发展的一门分支学科，是对学习规律和学习途径的系统阐述。它主要研究人类和动物的行为特征和认知心理过程，探讨学习的基础问题，如学习的性质、过程、动机、迁移等，并对学习是怎样发生的、为什么有的学习有效而有的学习无效进行具体说明。学习理论是现代远程教育的理论基础。学习理论对于指导现代远程教育的教学工作、网络建设、编制各种教学资源、促进学员的学习活动、提高学习效果、进行教学信息的相互交流等方面都具有很重要的现实意义。中小学教师继续教育网络培训平台是开展网络远程教学的工具和环境支撑，培训者通过网络教学平台开发网络学习资源和进行网络教学，学员通过网络教学平台提供的学习环境进行有效的学习。网络培训平台的研究与设计应该遵循学习理论所揭示的学习规律、学习心理、行为经验等，更好地为开展网络远程教学提供高质量的服务。

在网络教学中，教与学的过程、学员地位、课程设计等都发生了变化，虽然学习理论种类很多，不可能用一种万能的学习理论去指导所有的教学活动，但是，认知主义、人本主义、建构主义学习理论为网络培训平台根据不同学员的心理特点，在整体功能的构建方式、界面设计、网络课程的组织方式、多媒体教学内容的展现方式以及个性化学习的设计等方面提供了借鉴，是几种对网络教学平台的构建有指导作用的学习理论。

1. 认知主义学习理论

认知主义学习理论着重研究知识的心理组织和信息的命题网络及产品系统的

发展。其基本观点是：学习是认知结构的组织与再组织。客体刺激只有被主体同化于认知结构之中，才能引起对刺激的行为反应。学习过程是信息加工过程，学习是凭智力与理解，绝非盲目尝试。认识事物首先要整体认识，整体理解有问题，就很难完成学习任务。

认知原理解释了学员接收、加工、储存以及从记忆中提取信息的过程。认知理论中包含了一些行为原理，如重视练习和反馈，认为在环境中适当地安排提示可以引起学员的注意。认知理论也提出了一些重要的教学理论，如让学员积极参与、用层次结构分析法设计教学，重视知识的结构和组织，把新知识与学员原有的认知结构联系起来，强调学习材料应该是有意义的。教学设计者必须了解学员已知的认知结构，然后据此设计出相应的教学。

由于原有的认知结构不同，每个人的认知过程也不同，也就是说，不同的学习方式会产生不同的学习过程。为了使学习适应不同学员的认知结构，就应该创造吸引学习的环境与系统，以此来激发学员的学习动机。因此，网络培训平台要根据不同学员认知结构的差异因素等对功能架构、多媒体教学资源的呈现、资源库的建设等进行设计。

2. *建构主义学习理论*

建构主义学习理论认为，学员在获取信息的过程中往往根据自己的需要、意向、动态、信念和情感对其进行认知加工。有效的教学有赖于学员和环境，强调这些因素之间的交互作用。建构主义提倡在教师指导下的、以学员为中心的学习，也就是说，既强调学员的认知主体作用，又不忽视教师的指导作用，教师是意义建构的帮助者、促进者，而不是知识的传授者和灌输者。学员是信息加工的主体，是意义的主动建构者，而不是外部刺激的被动接受者和被灌输的对象。它要求学员要有很强的认知技能及自我控制能力。

中小学教师继续教育网络培训正好体现了这种以学员为中心的教学思想。在网络培训过程中，学员的学习过程更具有主动性。在学习过程中，要求学员能有更强的自学能力，包括自我约束、自我计划和自我组织等能力。建构主义学习理论符合网络教育发展的要求。网络培训平台在建构主义理论的指导下，教学方式从以教为中心转移到以学为中心，网络教学平台的角色从知识的传播者转化为建构意义学习的帮助者和学习环境、学习资源的提供者。网络课程的制作也从传统的课堂网络化转化到课堂智能化。同时，网络课程要根据学习对象智能化地调整教学策略和教学过程，使之满足不同学员的需求。因此，网络课程的制作者不仅要分析教学目标，还要分析学员的学习特点和学习环境，并根据学员学习特点的差异和学习环境的差异提出不同的教学策略，从而支持不同的学员进行发现式和探究式学习。可视化网络教学平台作为制作和发布网络课程的工具，在多媒体教学资源的制作方面充分考虑教师的需要，根据多媒体教学资源的多格式化提供多种发展和展现网络课程的决策支持。

3. 人本主义学习理论

人本主义学习理论强调人的潜能、个性与创造性的发展，强调以自我实现、自我选择作为追求的目标。在教学方法上，主张以学员为中心，放手让学员自我选择、自我发现。网络培训平台正是提供了这样一个让学员自我选择、自我发现的学习方式。教学平台的构建应在人本主义学习理论的指导下，在操作界面的设计和功能框架的架构方面进行人性化设计，从学员的个人需求角度设计导航帮助，为学员提供多种方式的检索条件和根据自身的喜好定位播放教学内容的方法。

三、远程教育理论

现代远程教育是指通过视频、音频及计算机技术把课程传送到校园外的教育。中小学教师继续教育网络培训是实现现代远程教育的一种方式。网络远程教育有教学时空的开放性、教学内容的多媒体呈现、教学模式的个性化、教学方法的灵活性、教学管理的自动化等诸多特点。网络教学中，教学效果的好坏取决于教学诸要素构成的合理程度，只有将教学各要素进行最佳结合，才能取得最好的教学效果。现代远程教育往往使用多媒体资源，集声音、图像、颜色、动画为一体，在同一时间里，能够全面地呈现事物的空间、时间、运动、颜色与声音，对多种教学要素进行最佳的优化组合，调动每一要素的最大功能，充分发挥教学过程中每一要素的作用，刺激人的多种感官，以达到深化教学内容、优化教学过程的目的。因此，远程教育理论对网络培训平台在网络课程的设计、功能的智能化集成、资源库的维护管理等方面具有重要的指导意义。

可视化网络教学平台在现代远程教育理论的指导下，对充分发挥学员在学习过程中的自觉性、主动性、积极性和独立性将起到重要的作用。使“吃不饱”和“吃不了”的学员，可根据自身的条件和基础去选择与接受适合自己的教学信息与教学信息量，独立自主地掌握学习的主动权，安排学习的进度。

四、教育传播理论

教育传播学是以教育过程为研究对象，以传播学为理论支撑，采用传播学的视角和基本理论来研究教育过程，其研究范围包含对教育者、受教育者、教育信息、教育媒介、教育效果等因素的探讨。教育过程本身就是一种传播过程，教育以传播效果为主要目的，教育过程的优化是为了达到最好的教学效果。网络远程教育的方式主要是通过网络传播教育信息，网络教学中应该注重网络教学信息的传播效果。

实验心理学家苏瑞特拉做过两个著名的心理实验：一个是关于人类获取信息

的来源：人类获取的信息83%来自视觉，11%来自听觉，3.5%来自嗅觉，1.5%来自触觉，1%来自味觉。另一个是关于知识记忆持久性的实验：人们一般能记住自己阅读内容的10%，听到内容的20%，看到内容的30%，听到和看到内容的50%，在交流过程中自己所说内容的70%。这就是说，如果让信息的接收者既能同时听到、看到、动手操作，通过这多种感官刺激，信息量的获取和保持都比仅通过单一途径的效果要好得多。

因此，中小学教师继续教育网络培训平台的设计应该着重考虑学员的接收效果。可视化网络教学平台在教育传播学理论的指导下，提供视频同步播放的方式，充分发挥多媒体技术的优势，以丰富的文本、图形图像、声音、视频等媒体内容传送教学效果，并且能够同步传送教师上课影像，模拟图文并茂、形声具备的课堂教学情景，取得较好的教学效果。①

五、人机界面理论

多媒体技术为在人机交互中采用人本身具有的通信技能提供了可能性，为建造高效、友好的人机界面带来了希望。

（一）人机界面设计原则

（1）用户原则。人机界面设计首先要确立用户类型。划分类型可以从不同的角度视实际情况而定。确定类型后，要针对其特点预测他们对不同界面的反应。这就要从多个方面进行设计分析。

（2）信息最小量原则。人机界面设计要尽量减少用户的记忆负担，采用有助于记忆的设计方案。

（3）帮助和提示原则。要对用户的操作命令作出反应，帮助用户处理问题。系统要设计有恢复出错现场的能力，在系统内部处理工作要有提示，尽量把主动权让给用户。

（4）媒体最佳组合原则。多媒体界面的成功并不在于仅向用户提供丰富的媒体，而应在相关理论的指导下，注意处理好各种媒体间的关系，恰当选用。

（5）屏幕设计原则。屏幕设计主要包括布局、文字用语及颜色等。屏幕布局因功能不同，应考虑的侧重点也不同。各功能区要做到重点突出、功能明显。无论哪一种功能设计，其屏幕布局都应遵循以下五个原则：

①平衡原则。注意屏幕上下左右应平衡，不要堆积数据，过分拥挤的显示也会产生视觉疲劳和接收错误。

②预期原则。屏幕上所有对象，如窗口、按钮、菜单等处理应一致化，使对象的动作可预测。

---

① 肖金芳. 可视化教学平台的构建研究［D］. 南京师范大学硕士学位论文，2006

③经济原则。在提供足够的信息量的同时还要简明、清晰，要运用好媒体的选择原则。

④瞬息原则。不断向学员推出新的教育信息，以适应教育领域的瞬息变化。

⑤规则化。画面应对称，显示命令、对话及提示行在一个应用系统的设计中应尽量统一、规范。

此外，在屏幕布局中还要注意一些基本数据的设置。

（二）文字与用语

文字和用语除可作为正文显示外，还能在设计题头、标题、提示信息、控制命令、会话等功能中展现。文字与用语设计格式和内容应注意：用语应简洁，避免使用计算机专业术语，尽量用肯定句而不要用否定句，用主动语态而不用被动语态，用礼貌而不过分的强调语句进行文字会话，对不同的用户使用不同的用语，英文词语尽量避免缩写，在按钮、功能键标识中尽量采用描述操作的动词。

在屏幕显示设计中，一幅画面文字不要太多，若必须有较多文字，应尽量分组、分页，在关键词处进行加粗、变字体等处理，但同行文字字形应尽量统一。英文词除标语外，尽量采用小写和易认的字体。

信息内容的显示不仅要采用简洁、清楚的表达，还应使用用户熟悉的简单句子，尽量不用左右滚屏。内容较多时，应以空白、分段或小窗口分块，以便记忆和理解。重要字段可用粗体和闪烁，以吸引注意力，强化效果。强化效果有多种方法，要根据实际情况进行选择。

（三）色彩的运用

颜色的调配在屏幕显示中也是一项重要的设计。颜色不仅是一种有效的强化手段，还具有美学价值。使用颜色时应注意以下三个方面：

（1）限制同时显示的颜色数。一般同一画面不宜超过 4 种或 5 种颜色，可用不同层次及形状来配合颜色，增加变化。

（2）画面中活动对象的颜色应鲜明，而非活动对象的应暗淡。对象颜色应尽量不同，前景宜鲜艳一些，背景则应暗淡些。

（3）尽量避免不兼容的三色放在一起，如黄与蓝、红与绿等，除非作对比时使用。若用颜色表示某种信息或对象属性，则要让用户懂得这种表达，且尽量用常规准则表示。①

总之，屏幕显示设计最终应达到令人愉悦的显示效果，指导用户注意最重要的信息，不要包含过多的相互矛盾的刺激因素。

---

① 徐光涛．中小学专题学习网站生成系统的设计开发与应用研究［D］．华南师范大学硕士学位论文，2004

第三节　中小学教师继续教育网络培训平台的功能与设计

中小学教师继续教育网络培训平台为中小学教师提供成长所需的工具和资料，包括教育理论与实践知识、课件与素材、发表自己的作品、分享教学经验、行动研究等，提供教师发展、管理、应用、分享与交流的知识和经验，着重虚拟网络空间教师成长团体的形成，以学习社群的方式组织各种不同的资源，促进教育教学知识的传播，让每个人都参与进来。

一、平台设计的基本思想

1．一体化管理

网络教学平台应该与教学内容紧密结合，应该实施一体化管理，而不是相互分离。一体化管理就是要使教学支持系统真正符合教学要求，在同一个统一的平台上完成教学（学习）过程中的各种活动，而不需要在几个系统之间来回切换，降低操作的复杂程度和学习的难度。

2．完全开放

由于远程教育培训所涉及的范围广，学员数量多，教学内容的形式复杂，因此网络教学平台需要具有完全的开放性，能够容纳各种形式的网上教学资源，而不仅仅只是支持某些专用工具开发的教学内容或某些固定的文件格式。

3．简化交互式教学设计的复杂性

因为远程教育培训使得师生在物理空间上是分离的，所以师生之间的交互显得更加重要。这种交互的广度与深度，是决定网上教学质量的关键性因素。网上教学包括一些基本的教学环节：教学内容的发布、作业、答疑、考试、讨论（同步/异步）、做笔记等，而现有的Internet工具并不能很好地支持这些活动，教师需要进行复杂的交互性程序设计。网络教学平台就是要解决这些问题，使教师无须花费大量的精力去开发程序，就可以很方便地获得很好的交互性支持，从而专注于教学内容与教学活动。

4．支持多种教学策略

网络教学是一种新型的教学方式。在新的教学环境中，我们不能完全沿袭传统的教学模式，而是要引进新的思想和新的教学方法。网络教学平台应该充分体现这些新思想与新方法，必须能够支持自主式学习、协作式学习、讨论式学习等适合网络学习环境的新的教学策略，并且提供实施这些教学策略的实用工具。

5．服务性思想

网络培训既是一个个性化教育过程，又是一个个性化服务过程，服务意识要贯穿整个教学的始终。个性化服务对象既包括每个学员，又包括特定的同一类人群，因此，一定要树立以学员为中心，为学员服务的教育新理念。教育资源建设及管理观念已经从单一的被利用转变为多元化服务的思想，资源利用应该本着一切为教育服务的原则，而为教育服务就是为教育中的对象主体——培训者和学员服务。在系统平台的设计中，应当体现人文的思想、服务的思想，把为使用者服务的观念放在首位，这样，设计出的平台才具备服务的理念，更易于为使用者操作。①

二、平台的系统构成及功能

中小学教师继续教育网络平台是为教师、学员和管理员提供网上教学服务的平台，该平台提供了教师、学员和管理员三种不同的访问入口。对教师来说，该平台必须具有开放性，教师可以在自己的权限范围内修改、扩充、删除有关的教学内容，使资源不断更新。教师利用该环境可以监控学员的学习进度、学习次数、讨论、作业等学习活动。对于学员来说，该平台应提供良好的网络协作学习环境，具有较强的交互功能，使学员能方便地利用该环境进行富有创造性的个别化学习，开展师生、同学间的讨论和交流，从而共享优秀教师的成果和在最大范围内获取知识。管理员则可以利用该平台进行教学资源库管理和平台维护等教学日常事务的管理。

一个完整的远程网络教学平台应该由四个子系统组成：教师子系统、学员子系统、教务管理子系统和后台管理子系统。其总体结构如图 5－4 所示：

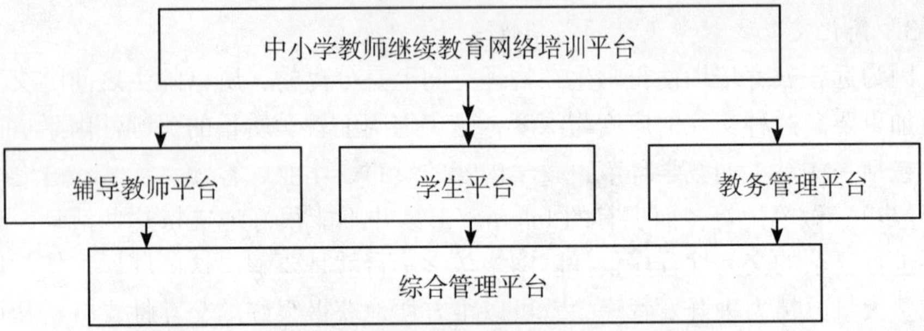

图 5－4　中小学教师继续教育网络培训平台总体结构图

（一）教师教学活动系统

教师教学活动系统是一套提供网络教学服务的系统软件，它以网络课程为核心，合理、有效地利用学科教学资源，为全方位地实施网络教学提供服务。只有

① 王俐. 西北师范大学继续教育学员远程教学平台的搭建［D］. 西北师范大学硕士学位论文，2004

具有教师身份的用户才可登陆进入教师教学活动系统。网络教学管理系统为教师在网上实施教学提供简单、方便的使用界面。

教学活动系统专供教师使用，其主要功能模块有课件发布、实时授课、作业提交、作业批改、编写试题、考试测评、答疑和课件更新等。其功能模块结构如图5－5所示：

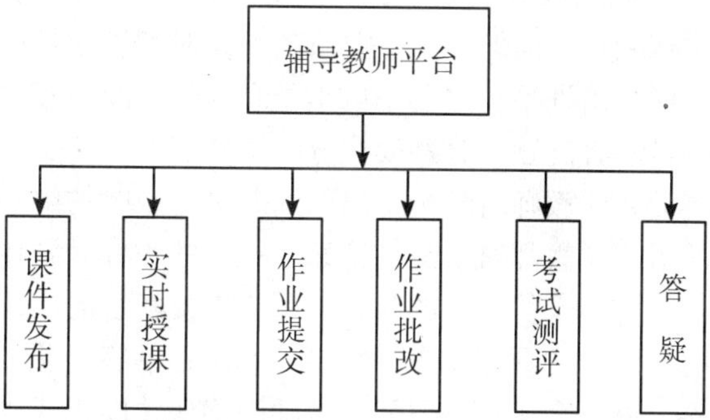

图5－5　教师平台功能模块结构图

（1）课件发布。网上教学的第一步是将教学内容在网上发布。一门课程通常包含很多文件，将这些文件很方便地上传到网上，并自动配置相关的教学支持工具，是发布在线网上课程的关键环节。为保护网上课程内容的版权，系统要由数据库来管理所开发的课程。因此，本模块是网络教学平台的重点部分和实现网络教学活动的基础，主要用来实现任课教师对所承担课程的课件上传以供学员在线学习，同时还允许教师从系统的资源库中查询、浏览及下载所需的课件以提高教师备课的效率和教学资源的利用率。

（2）实时授课。本模块主要是将专门开发完成的网络课程发布到网上，支持学员的在线学习，或将课堂的授课过程录像后，转换为基于流媒体的视频点播，实现实时同步远程教学。

（3）作业管理。作业是教学质量控制的重要因素，也是传统教学过程中的重要环节。它可以督促学员学习，巩固所学知识。作业管理包括：①学员可以通过作业提交模块上传作业文件，教师登录后，将作业下载批改，然后通过短信息收发模块，将批改结果和参考答案返回给学员；②教师可以通过作业批改模块评阅、统计、分析课程作业，浏览作业的总体情况，同时把系统分析结果及教师评语合成分析报告传送给学员。

（4）考试测评。考试是针对学员学习效果进行的测量与评价，它是教师实施个别化教学的重要依据之一。本模块主要负责制定考试的基本要求和评分标准，对学员在线考试测验的监控以及学员答卷的在线评测和成绩的统计分析等。

（5）主持讨论。讨论有助于加深学员对某些问题的认识，培训者在主持讨论时，要注意调控讨论方向，在关键时刻要发表自己的见解或是可以引起争鸣的观点，以鼓励和引导学员参与，促进讨论的深入。在讨论过程中，教师首先要积极参与。在本系统中，培训者可以实施的教学活动有：①发表自己的讨论意见；②回复其他参与讨论者的问题；③查看讨论中的所有发言内容；④删除一些无聊的发言；⑤开辟新的讨论话题；⑥删除不适合的讨论话题。

（6）答疑。网络培训以自主学习为主，没有了教师面对面的解释和演绎，学员会在学习过程中遇到很多问题，这就要求教师及时解答学员的疑难问题，消除学员的学习障碍。网络培训平台主要是以学员和教师之间的互动为主体，教师可利用答疑模块为学员解答问题。答疑模块分为实时答疑和非实时答疑。实时答疑主要是通过在线聊天室让教师对学员提出的问题进行及时的解答；而非实时答疑则主要通过论坛的形式，教师对学员在论坛中提出的一些问题作出解答。教师的答疑工作主要有：①解答学员提出的问题：所有未被解答的问题都被登录到答疑系统的新解答问题页面，教师需要逐一解答。②问题解答确认：学员也可以对他人的问题作出解答，但这个解答需要经过教师的确认才能正式生效，教师有权修改或删除学员的解答。③问题资源管理：对于一些有普遍性的问题，教师可将该问题及解答整理到问题资源中心，供其他学员遇到类似问题时作为解答参考。这样，随着答疑系统的运行，问题资源会越来越多，学员的新问题会越来越少。④提出新问题：为了启发学员的思考或针对一些普遍性的问题，教师可以向答疑系统提出新问题，由学员去解答，也可自问自答，再将问题整理到问题资源库中。

（7）对学员学习的评价。教师可以浏览所有选修自己课程的学员的被评价情况，主要是通过该学员的在线学习时间、提交的作业成绩、互动答疑和讨论中提出的问题数、回答问题数、网上考试分数等，综合后给出各参数的权值，通过系统的加权计算出学员的分数。

（二）学员学习系统

在学员学习系统中，首先，学员应浏览教师发布的课程信息，判断是否需要进行该课程的学习。其次，一旦注册了该课程的学习，就可以在系统中进行课程内容的学习（浏览电子教材、课件、录像）、课程讨论、完成作业、答疑讨论、网上考试等学习活动，也可以发布消息。最后，学员可根据授课内容、各种资源库的内容、在线答疑、讨论的情况，利用真实的身份，对教师进行网上评教，根据学号的唯一性，系统可以防止重复投票。学员在系统中，是以真实身份登录系统参与学习活动的，系统可以跟踪每位学员的活动，记录学员参与学习、讨论、完成作业等情况，为教师评价学员提供依据。系统为学员提供了上传文件的功能，可避免学员上传垃圾内容。

学员平台专供学员使用，其主要功能模块有自主学习、协作学习、阶段测试、综合测试、信息查询和论坛。其功能模块结构如图 5－6 所示：

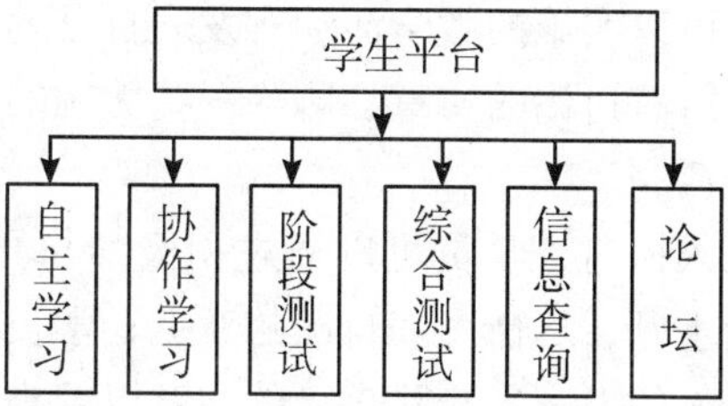

图5-6 学员平台功能模块结构图

（1）自主学习。本模块能使学员在任何时间、任何地点都可登录到自己选修的课程，根据自己学习的进度自主地进行学习。遇到问题时，学员可通过电子邮件或聊天室与教师及同学进行讨论、交流。

（2）协作学习。本模块为学员提供合作学习、交互学习方面的支持，提供若干种支持学员之间交流、讨论以及合作完成同一任务的工具，如公告栏、聊天室等。

（3）阶段测试。本模块可按阶段进行各章节内容测试，学员任选某一随机试卷后，即可进行答题。答题结束后，系统会立即统计成绩，并将提交的试题自动发送到教师信箱，以便对学员平时成绩进行统计与评定。

（4）综合测试。通过本模块，教师可以建立相应的试题库，设定测试的时间。学员学完课程内容以后，可以进行在线综合测试，并对学习效果进行自我综合评价。

（5）信息查询。本模块允许学员在相应的权限内浏览相应的信息，如对学员学习的专业和课程、学习成绩进行查询等。

（6）论坛。本模块是教师根据单元教学目标提供讨论主题，学员可以随时进入论坛，阐明自己的观点，浏览、评价其他同学的观点，也可提出自己在学习过程中所遇到的困难和疑问，供大家共同讨论解决。

（三）教师与学员交互系统

学员和教师之间的交流是教学活动中的一个十分重要的环节。通过交流，学员的疑问可以获得解答，从而获得学习的动力；教师也可以因此了解学员的学习状况，激励学员的学习。在网络教学活动中建立交互的环境，可以使网络教学从简单的教学信息发布变成一个交流的虚拟学员社区。网络教学平台的交互设计有BBS论坛、聊天室、e-mail、发送消息等。

（1）BBS论坛。这个论坛可以为学员提供浏览帖子、发表新帖子、回复帖子等服务。学员可以在此提出问题，发表自己的看法。系统可以对所有帖子的浏览数、回复数进行统计和排序。讨论有助于加深学员对某些问题的认识。教师在主持讨论时，用设计好的讨论主题，引导学员讨论的方向，启发学员深入思考问题，及时纠正学员的错误观点。在讨论过程中，教师应及时回复学员的意见，给予肯定或否定，要注意调控讨论方向，在关键时候要发表自己独到的见解，发表能引起争鸣观点的意见，引导学员参与，促进学员的参与深度。

教师在主持讨论时可以实施的教学活动有发表自己的讨论文章、回复其他参与讨论者的文章、查看所有讨论的文章、删除一些无用的发言、开辟新的讨论话题、删除不适合的讨论话题。

对于某些问题的深入探讨，学员可以通过积极参与异步讨论的方式来实现。学员可以自由设定讨论主题，尽情发表自己的意见；学员在讨论区内可以自由发言、修改内容、回复他人的发言、删除自己的文章以及查看讨论的问题。在讨论过程中，学员常需要展示自己的观点，试图说服别人。这种对自己所学知识的表达过程，会使新旧知识更好地融合，能扩大新知识的应用层面。通过讨论，学员会对课程产生更深层的认识，获得最佳方法，逐步形成自己的学习方法。网络培训平台将记录每个学员参与讨论的次数，学员是否积极参与讨论是系统作出学习评价的一个重要依据。

（2）聊天室。这是学员之间、学员和教师之间进行即时讨论的场所。只要教师在线，学员在此提出的问题就能够得到即时的回答。聊天室所进行的讨论是同步讨论，同步讨论有助于情感交流，促发新思维。同步讨论支持“弹性交互”，也就是说，一个小组可以回顾或参加其他小组的讨论，或在没有打扰讨论的前提下发消息给其他小组的成员。教师应引导讨论的进展，管理学员的发言行为，及时警告不符合学习要求的发言行为，组织讨论活动，确定讨论议题，控制讨论进度，限制讨论议题。另外，教师应注意如何分组讨论，可以按照学员的兴趣爱好、区域、知识结构等进行分组。

（3）e-mail。利用 e-mail 可以更加方便地在局域网中交流信息。

（4）学员档案。培训者可以查看学员的学习及个人信息，对其进行学习监控，为其提供有针对性的辅导。

教师可以浏览学员在本平台上学习活动的统计信息，包括登录系统的次数、作业的次数、讨论文章数、解答问题次数、提问次数、笔记数量、选修课程数等内容，可以查看学员注册时填写的注册信息、选修课程的信息、作业情况，还可以对学员的学习情况进行个别辅导。

（四）教务管理系统

本系统专供教学管理人员使用，其主要功能模块如图 5－7 所示：

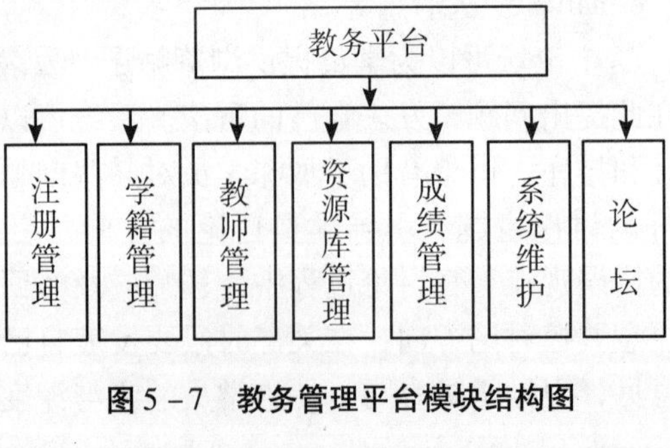

图 5－7　教务管理平台模块结构图

（1）注册管理。提供在线注册功能，注册用户名，指定用户名称，建立用户账号，登录系统时对不同用户进行认证，并根据不同的角色赋予用户相应的操作权限。如教师有远程信息资源修改、教案上传的权限，其他用户则没有这个权限，过客只有部分页面的浏览权限。

（2）学籍管理。学籍管理以学员为单位，利用系统的信息管理功能，建立和维护学员的电子学档。电子学档包括学员身份信息、选课信息、学习任务信息、学习活动记录、学习评价信息等。

（3）教师管理。记录教师的个人信息，记载教师的授课情况，建立教师授课的账号，配置相应的授课资源。本模块包括教师档案的管理、教师资格的审查、教师业绩的考核以及教师授课的管理。

（4）资源库管理。本模块主要包括资源库的访问权限控制以及各种媒体素材库、课件库、题库、案例库和教材库的采集、管理、检索和利用等。

（5）成绩管理。本模块主要包括学员阶段测试和综合测试的成绩记录、统计、查询与分析结果等。

（6）系统维护。本模块主要包括网络的安全管理、故障管理、性能管理以及数据备份等。①

（五）管理员管理系统

管理员管理的主要功能模块有发布系统公告、用户管理、教学管理、故障管理、安全管理、论坛管理、课程资源库管理等。

（1）发布系统公告。管理员在这里可以对全网站的用户发布新闻、通知。

（2）用户管理。此处的用户主要是学员和教师。管理员在这里可以根据申请者提交的信息决定是否批准及给予何种用户身份，可以看到用户的详细信息，修改用户的状态，注销或添加用户。

（3）教学管理。管理和统计教师的选课科目，将教师与课程对应起来，设定教师教授课程的最多人数，开通课程的论坛；将当前教师设置为学员的选课管理员，可以对学员的状态进行管理，可以取消学员的听课资格；维护课程信息，管理与课程有关的信息，如任课教师、选课人数等；教学评价管理，在某个时间段打开和关闭教学评价系统，让学员开展网上评教活动，统计评教人数、分数。

（4）故障和安全管理。本模块主要是保证网络教学管理系统的通畅运行，防止病毒的破坏等。

（5）论坛管理。建立新的论坛，修改论坛的相关内容（如主题），发出预先通知并删除论坛，为论坛指定版主，并规定版主的权限等。

（6）课程资源库管理。维护和管理文献资料库、案例库、网络题库、课件库、课程素材库、资源网址库、参考资料库、共享软件工具库等的使用和存储。

① 石铁峰．谈远程网络教学平台的设计与实现［J］．教育与职业，2007（4）

第四节　中小学教师继续教育网络培训平台的使用与维护

现在以广州市中小学教师继续教育网络培训平台为例，讲述中小学教师继续教育网络培训平台的使用与维护。

广州市中小学教师继续教育网络培训平台（见图5－8）主要由网络教学系统、教学管理系统、教学资源管理系统和网络课程四个系统组成。

图5－8　广州市中小学教师继续教育网

一、中小学教师继续教育网络培训平台的使用

（一）认真阅读服务中心内容

首次参加中小学教师继续教育网络培训的教师，登录该网站后，应先认真阅读服务中心各项链接的内容（见图5－9）。

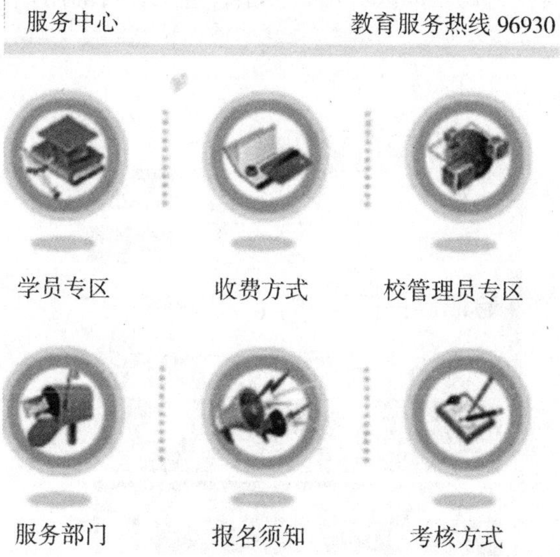

图 5－9　服务中心

（二）登录和注册

1．用户注册

教师和学员如果是第一次使用这个教学平台，则需要进行用户注册。在用户登录界面，注册后需经管理员的认证和许可方可成为该平台的用户。管理员的注册则由具有关权限的管理员创建。

2．用户登录

登录平台有账号登录与昵称登录两种方式，用户名是指用户的账号（2003＊＊＊＊）或已申请的昵称。

（1）账号登录：学员第一次登录平台必须使用账号登录方式。在“用户名”处输入账号（2003＊＊＊＊）；在“密码”处输入密码，点击“登录”即可进入学习平台。第一次登录后可以设定昵称登录方式。

（2）昵称登录：设置个性化的昵称更利于记忆。设置昵称后，学员只可以采用昵称方式登录，“账号登录”方式从此失效。昵称登录方法：在用户名栏输入昵称，在密码栏输入密码，点击“登录”即可。

（3）昵称申请方法：登录平台，点击“个人档案”中的“ 我要申请一个昵称 ”项，申请昵称。昵称只可使用数字或字母（已申请中文昵称的学员可继续使用），此昵称是唯一且不可修改的，昵称与账号使用同一密码（为了保障平台的安全，初次登录后，请注意修改你的原始密码）。

该平台针对三类用户：学员、辅导教师和管理员，每类用户都有各自的功能。

系统根据用户名及密码自动区分用户类型，进入各自的用户界面。登录页面如图 5－10 所示：

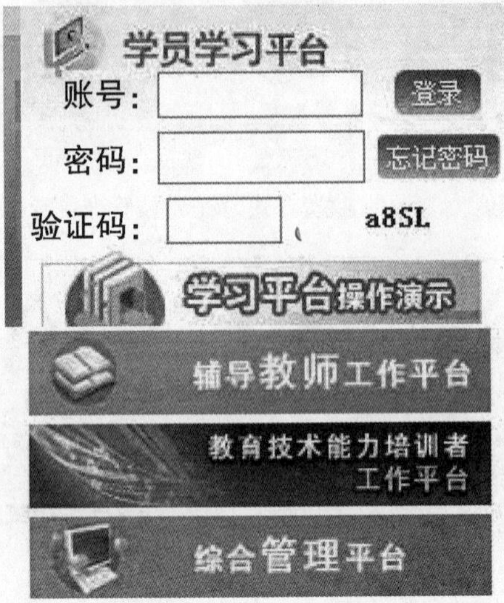

图 5－10　三类用户登录界面

（1）学员登录。登录平台，点击“选课信息栏”可以查看在读课程、待读课程及已学习完成的课程等内容。点击“课程名称”可以查看课程的详细信息，包括课程编号、学分、收费、申报单位、学时、面授课时间、地点、任课教师联系方式、课程简介等。如图 5－11 所示：

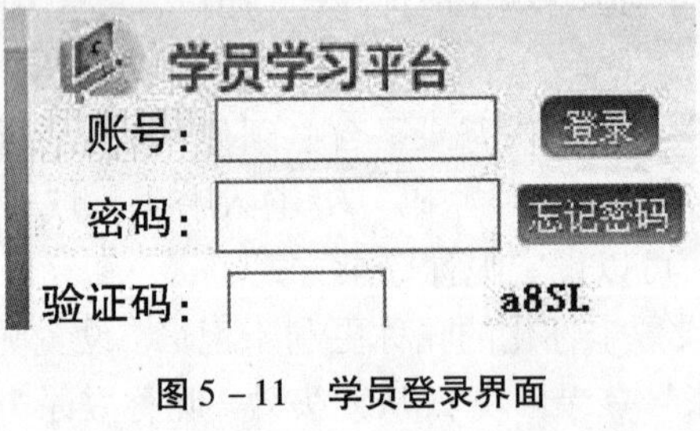

图 5－11　学员登录界面

（2）辅导教师登录。教师使用注册的账号登录进入本系统后，将看到所讲授的课程及教务公告信息。教师讲授的课程由管理员在教务管理系统中设置。在教师教学空间，教师可以进行课程的授课、作业、答疑、考试、讨论等教学活动。如图 5－12 所示：

图 5－12　辅导教师登录界面

（3）管理员登录。管理员登录本系统后，进入管理员专用页面。管理员可以进行专业、课程、成绩、考试、学籍等管理工作，为学员进行电子注册。如图 5－13 所示：

图 5－13　管理员登录界面

（三）学员课程学习

网络课堂是学员在网上学习、交流的主要平台。

学员进行远程继续教育课程学习，需要浏览课件、完成在线作业、参加课程讨论、按任课教师的要求进行自测、课程评估等。

课程学习包括课程介绍、课程学习、在线作业、资料库、讨论等模块。

（1）课程学习。点击“课程学习”，选择学科，进入学习页面后选择课程章节，即可浏览课件，开始学习。

（2）在线作业。登录后点击“课程学习”——“在线作业”，在弹出的页面选择具体学科和章节作业；点击“开始作业”，答题完毕后点击“提交作业”，将作业递交给辅导教师进行批改。

为保障学员的权益，平台设有登录保护，如果学员登录后30分钟内没有任何点击动作（在作业栏中通过键盘输入文字不算点击），系统将自动退出登录。建议学员在做作业时留意倒计时的显示栏，及时将作业内容进行文档保存，或于Word中完成作业后再进行在线粘贴提交。

（3）学员查看教师布置的作业。教师布置作业后，学员只要已经选择了该门课程，而该课程的作业完成期限仍未到，学员就可以查看教师布置的作业；如果有附加作业，则提供链接给学员下载。学员在上交作业后或者作业的完成期限已过，就查看不了该作业。

（4）学员上交作业。在完成期限未到之前，学员可以上交作业。学员最好以Word文档来完成作业（一定要写清楚自己的姓名、学号等信息，否则教师将无法发回他的作业），并且压缩成Zip文件，然后上传到服务器供教师下载批改。在完成期限未到之前，学员可以修改上交作业（重新上传新文件），也可以删除上交的作业，删除后该作业状态变成未上交，须在期限内重新上交作业。

（5）学员查看、下载批改后作业或作业的参考答案。作业期限到后，教师若提交了参考答案，则参考答案会自动公布，所有学员都能查看；如果学员上交的作业被教师收去批改，则教师批改后将发回作业，该学员还能查看、下载批改后的作业。

（6）在线自测。点击“课程学习”——“课程试题”，在弹出的页面选择课程名称及试题；点击后在线作答，答题完毕后点击“提交”，系统会显示分数、正确答案和要点。

学员在每次考试之后都可以在最短的时间内，通过输入自己的姓名和学号，直接在网上查询自己的成绩。

（四）教师网上教学

教师在输入自己的用户名和密码后，即可进入教师界面平台。教师的主页面包括作业（包括教师布置新作业，修改已上交的作业，查收及批改作业，发回作业）、更改密码（个人账户信息维护）、答疑、进入论坛（进入学习论坛）、进入聊天室（进入实时交流系统）、查看课件（教师可以查看各门课程的课件）等功能，点击后即可进入相应栏目。

（1）教师布置作业。培训教师进入“布置作业”界面后，填写作业的内容，如果有图形、公式等难以用文字说明的，可以先用 Word 文档写好再压缩成 Zip 文件，作为附加作业上传到服务器供学员下载阅读；规定本次作业完成的期限（以周为单位）；同时可以提交作业的参考答案，如果当时没有准备好参考答案，在完成期限未到之前，可以通过修改作业来提交参考答案。在未有学员上交作业之前，教师可以删除该次作业。

（2）教师收作业，选择学员批改。期限到后，教师就可以收取学员上交的作业。所有已上交作业的学员名单将会列出来供教师选择批改（默认为全部），教师选择要批改的作业后提交，系统就会列出这些学员上传的作业文件供教师下载（以后教师再收这次作业时就不会出现选择学员的页面，而是直接到这个下载页面）。

（3）教师把批改后的作业发回给学员。教师批改完作业后，应根据作业文档中写的学员信息把作业发回给该学员。

（4）教师评估，学员跟踪。

①教师评估：每学期末将在网上发布教师评估表，学员可以对自己所上课程的主讲教师进行评分，分数作为培训机构对培训教师每学期综合评估的一个重要参数。

②学员跟踪：教师可以跟踪学员，把它作为学员平时成绩的依据。

③教师答疑：点击“课程辅导”——“教师答疑”，在弹出页面选择课程，将提问内容填在“问题”处，点击“提交”，将问题递交给辅导教师进行解答。点击标题可查看教师的回复内容。除了通过答疑区、讨论区等公共途径，还可以通过电话、电邮与教师进行更进一步的沟通。

④与同学交流：“课程辅导”的“课程讨论”区，供本专业在读学员交流，交流区的学习论坛，供所有学员进行交流，在弹出页面选择具体论坛时可进入交流。在课程讨论区中，点击标题就可查看教师的回复内容。

（5）实时交流系统。实时交流系统是以 CHAT 方式进行的讨论区，提供实时的交互式讨论。在系统中，按专业划分多个讨论区，专业教师在专业讨论区与学员进行实时交流，回答学员在学习中遇到的各种问题，对学员起到一个引导的作用。

在首页上点击“实时交流”，进入实时交流系统。在弹出的新窗口下拉框中选择讨论区，输入自己的用户名、密码，即可进入实时交流系统。

进入系统后，在屏幕的右侧窗口可以看到当前房间的在线人数及名单。点“房间”后窗口将会列出当前存在的所有房间。在屏幕主窗口可以看到自己和别人的发言及讨论内容。在屏幕下侧窗口输入框中可以输入文字，输入后按回车，你发表的文字就会出现在主窗口中；用鼠标点击某人姓名，再在输入框中输入文字，则可对他回复。

（6）实现课程答疑。教师可以在实时交流系统中建立某专业课程的房间，该课程的学员可以进入该房间与教师进行实时交流。每次交流后，教师都会把其中具代表性的问题归纳总结成文档，供广大学员下载。

二、中小学教师继续教育网络培训平台的维护

网络课程平台管理实际操作的出发点应该是充分考虑教学的交互性，及时为用户上传教学资源信息，尽量在最短时间内回答用户所提出的有关学习的问题，积极组织讨论，定时进行网上测试，并对测试结果中的共性问题通过信息发布的渠道进行评析，帮助学员及时解决遇到的问题。

管理员负责整个平台的维护工作，管理的主要功能模块有发布系统公告、用户管理、教务管理、故障管理、安全管理、论坛管理、课程资源库管理等。各功能模块的描述可参见本章第三节第二小节的第五点。

思考题

1. 中小学教师继续教育网络培训平台建设的依据是什么？

2. 简述中小学教师继续教育网络培训平台的结构及其功能，你认为还需要扩展哪些功能？

3. 如何进行中小学教师继续教育网络培训平台的维护？

第六章　中小学教师继续教育网络培训模式

内容提要

本章主要探讨了中小学教师继续教育网络培训的三种模式：

1. 基于网络教育资源的学员自学式培训模式
2. 基于网络环境中虚拟教师的讲授式培训模式
3. 基于网络培训平台的讨论式培训模式

教学模式是开展教学活动的一套方法论体系，是基于一定的教学结构，为完成特定教学目标和教学内容而围绕某一主题形成的比较稳定且简明的教学理论框架、具体可操作的教学活动方式和程序。

中小学教师继续教育培训的模式是指在基础教育领域内对取得了教师资格的在职教师进行的以提高思想政治素质和教育教学能力，从而有效地提高教育教学质量为主要目标的教育训练活动的方式组合及其关系，它是教学模式的一种特例。在进行教师培训的过程中，既要在先进的教育理论和思想指导下开展培训教学工作，又要运用现代化的教学媒体、培训材料等实施培训。这里，学员是有一定经验的中小学教师，培训教师是“老师的老师”；在建构主义理论指导下进行的教师培训还要注意教师、学员、教材、媒体四要素的作用是与传统教学模式不同的，要为学员创造良好的学习环境。基于网络环境的教师培训，就是利用Internet来进行教师培训，培训的整个进程都离不开网络，培训者必须为参训者创设一个最佳的网络学习环境，培训材料要依靠网络来呈现，师生互动、学生互动在网络上进行既可以同步也可异步，学员具有更大的自由度。

本章将基于网络平台的教师继续教育的教学模式总结为三种：基于网络教育资源的学员自学式培训模式、基于网络环境中虚拟教师的讲授式培训模式和基于网络培训平台的讨论式培训模式。

第一节　基于网络教育资源的学员自学式培训模式

一、基于网络教育资源的学员自学式培训模式概念

随着以 Internet 为代表的现代信息技术的迅速发展，出现了基于 Internet 网上信息资源的学习模式。这种模式是指学员主要利用 Internet 信息资源进行自主学习的过程。自学式教学是指以个体特点为出发点，以发展个性为目标，以服务社会为归宿，以适应个人需要为原则，以学员自我管理和自主学习为活动方式的教学。在网络资源环境下的自主学习过程中，学员把信息技术作为学习认知工具，网络资源环境为学员的自主学习提供了良好的条件，如教学目标的多样性，有利于学员的探索与发现，有利于培养学员的创新能力等。学员面对的学习信息资源异常丰富，可根据自己的学习水平、学习需要、学习风格等获取、加工、储存、利用这些信息。

在这里，学员的学习是一种积极主动的活动，学员在教师的指导下，借助 Internet 提供的非常丰富的学习资源和良好的学习环境，运用各种信息搜索工具获得相关的信息，然后加以分析、提炼、加工、综合，得出自己的结论，再利用 e-mail、BBS，通过网上工具把自己的结果加以发布。

二、基于网络教育资源学员自学式培训模式的基本特点

（1）学习具有较强的针对性。学员按照自己的知识结构和需求来进行学习，能够选择自己认为相关或有用的知识，他们在学习中的角色可以是学习信息的接受者，也可能是学习信息的提供者，在学习中更多地进行主动的学习和思维，除了消化和吸收前人知识与经验，更重要的是根据自己和社会的需要加以应用，解决自己和他人在生活、学习、工作中的实际问题。

（2）学习具有较强的自由度。学员能在很大程度上对自己的学习时间、过程和空间具有较大的支配权和决定权。

（3）学习具有一定的交互性。学员在学习过程中不但能灵活、适时地与教师和学习同伴及相关人士进行交流，还便于即时地对自己所学的知识和掌握的技能进行测试，并得到及时的反馈。

（4）学习具有较强的创造性。学员的学习过程不再由教师统一控制，不再强调集中思维、求同思维、正向思维，学员可以进行多向思维、发散思维；教者的活动不再是控制和统一进行学科理论体系和基本概念的知识灌输，而是组织学习

资源和设计引导学员学习的方法，这些给予了学员很大的自由度，因此，学员的学习活动是多方向、多维度的，这也有利于培养学员的创造精神。①

三、基于网络教育资源的三种自主学习方式

在远程教师培训中，可以采取以下三种学习模式促进参训学员自主学习：

（1）自主、互动、创新的自主学习模式（见图6－1）。

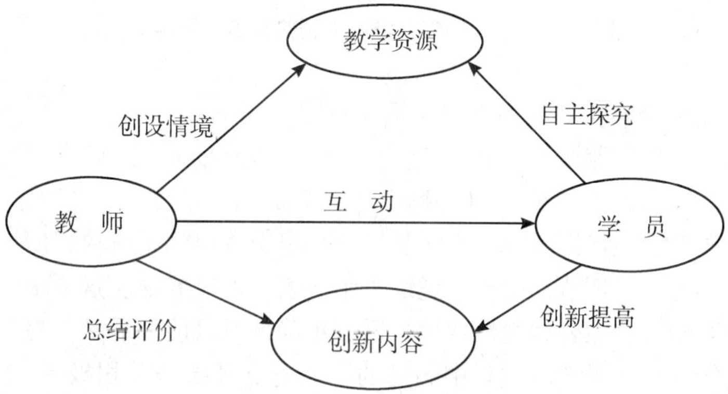

图6－1　自主、互动、创新的自主学习模式

这种模式是以学员的自主学习、主动探索、强化创新意识为主要特征的远程课堂教学模式。其核心目标是在学员的自主探究活动中，以学员发展为本，凸显学员的主动学习，充分展现学员的思维过程和情感体验过程，强调培养学员的自主探究能力和创新意识。通过落实学员在学习中的主体地位，在教师的引导下，使学员的知识和能力双重素质得到全面发展。

（2）学员为主、教师为辅的自主学习模式（见图6－2）。

这种模式要求学员具有一定的技术和知识水平，培训教师把自己看作是培训的参与者，并做好了对学科进行探究的准备。然而，这些学员还需要建立更深层次的自我指导学习的意识、更强的自信心及更强的向他人学习或一起工作的能力。学员的主要收获是学会运用学习策略。学员处于学习过程的中心，培训教师处于学员学习过程的中间过渡位置，起到帮助和促进的作用。培训教师在这一阶段和学员一起参与和经历学习，随着学员逐步提升主导角色，学员越来越多地参与作出某些决断。教师的精力主要放在向学员提供帮助、沟通和支持方面。

---

① 李克东. 新编现代教育技术基础［M］. 上海：华东师范大学出版社，2002

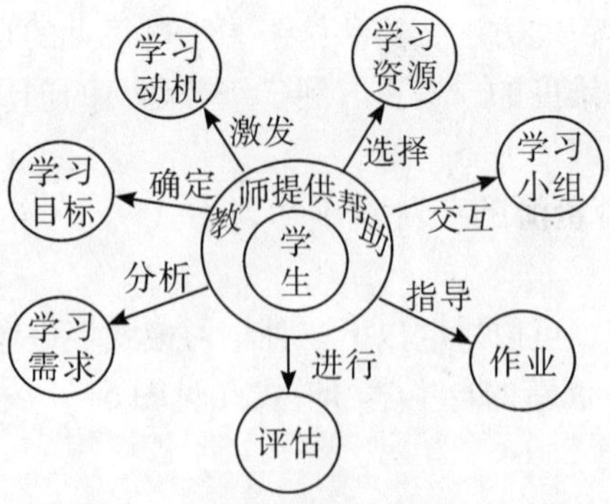

图6-2　学员为主、教师为辅的自主学习模式

(3) 学员完全自主独立的学习模式（见图6-3）。

在这里，学员控制着学习的全过程，处于核心地位；教师只起到顾问、咨询、指导的作用，处于学员学习过程之外。学员在某些学习环节可能向教师咨询，有时甚至不需要咨询教师，在学员讨论小组中就得到了解决，所以，代表教师的部分和对各学习环节的指导用虚线表示，表示可以或缺。这要求学员具有很强的自主学习能力，能够客观地评价自己，正确分析目前的需求，对学习目标的设定有深刻的理解，对学习过程中遇到的困难有心理准备并积极寻求解决办法。能充分利用来自各方面、多渠道的学习资源并作出筛选，时时对自己的学习作出自我评价，作出学习步调的调整。这对继续教育或成人教育对象是十分适合的。

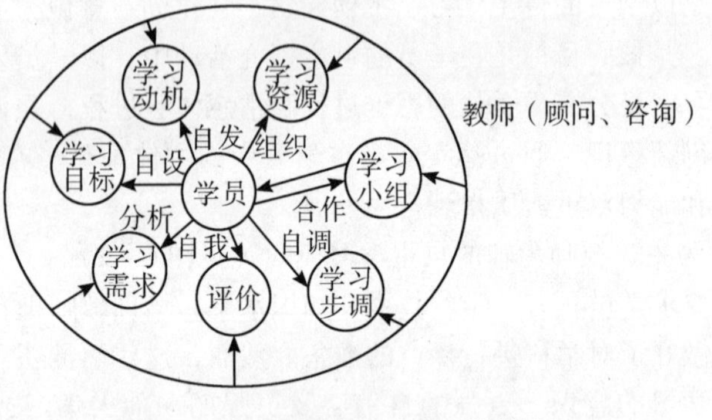

图6-3　学员完全自主独立的模式

四、基于网络教育资源学员自学式培训的学习支持服务

自学式培训模式要求必须具有丰富的、实用的学习支持服务供学员选择。

基于网络的学习环境不再是教师讲解的辅助工具，而是变为帮助学员探索、发现、学习的认知工具。Internet 为基于网络的学习环境提供了丰富的资源，对拓宽学员知识面以及深入学习很有帮助。但这类信息资源广而分散，归类方法多样，缺乏直接面向专业层次较为系统的知识内容，大多不符合课程教学的需要，不能直接采用。因此，我们在设计网络培训平台时，围绕如何促进学员的自主学习、促进学员思维的深度与广度，组织学员的自主学习活动，从“学习资源组织”和“教学支持环境（操作平台）”两方面对网络培训平台进行了设计。

（1）完善计算机网络建设。计算机网络建设是网络教学的前提。天网与闭路电视系统播出电视课，地网传输教学信息和网上教学资源，人网是教学活动的主导，三级平台有效互动。

（2）多媒体教学资源建设。在网上进行学习，强调以学为中心，强调学员的自主学习，还要设计大量帮助学员进行自主学习的资源，促进学员的自主思维以及学习的参与度。教学资源建设需面向大众化教育。在设计上，注重教学设计。①适合不同知识基础、不同层次的学员，教学资源的建设注重对知识进行细加工、深加工，把知识分解成不同程度的半成品，以适合不同基础的学员接受，细化循序渐进的过程。②注重学习情境创设，以激励、吸引和鞭策学员学习。因为学习的发生起源于学习情境的创设，当学员面临学习情境变化的刺激时，情景的新异性会使他们产生本能的好奇心和求知欲，这是学习发生所必不可少的构成要素。③每一单元给出明确的教学目的与目标。给出实例、案例解析，讲解知识点的运用和注意事项，典型实例具有较强的可模仿性，让学员模仿学习、练习，掌握。④提供丰富的教学参考资源，以利于学员拓宽学习支持服务范围，拓展学习。利用网上教学平台，增建配套教学资源，开展教学辅导、教学咨询等栏目，为学员提供丰富的教学辅导资料。

（3）教师队伍质量是学习质量的重要保证。建设一支适合新教学模式既精通专业知识又精通资源建设和中小学教师继续教育远程培训的教师队伍。这支队伍要具备现代远程教育理念、扎实的专业理论与知识，能够熟练地运用现代教育技术手段和多种教学媒体进行教学，在网络环境下指导学员提高个别化自主学习的能力。

（4）教学支持环境的建设——构建基于 Internet 资源的自主学习活动操作平台。教学支撑环境——网络教学平台，可为网络教学的施教者和学员提供完整的教学辅助与辅导工具。在网络课程中开发的教学支持环境采用了模块化的思想，即将整个系统划分为数个基本的功能模块，每一个模块为学员或教师提供不同的服务，如登录注册模块、交流讨论模块（讨论区）、自动答疑模块、学习工具模块（记事本、书签）、作业提交模块、考试系统模块、信息公告、评价反馈模块、后台管理模块（教师用）等，各自承担着不同的功能。最后，通过相应的整合技术将之有机地组合起来，形成一套完整的网络教学平台。

网上教学支持服务，是利用网络教学平台、校园网和多媒体教室，以互联网为媒介，以网络版CAI课件为主要教学媒体，及时将网上教学资源下载和储存，设置e-mail信箱，开展网上答疑、教学辅导，组织网上讨论，讲述教学要求和重难点问题，布置和讲评作业，下达教学大纲、教学实施意见和期末复习提要等教学信息，为学员提供一个在线的自主化和个别化学习环境和较为完善的网络教学支持服务体系。

（5）教学辅导支持服务。①课程导学。导学教师要为学员的学习提供全过程的指导和辅导。一方面，导学教师要对学员的学习策略进行指导，根据学科本身的规律和不同课程的特点，指导学员了解各门课程的特点、学习目标、知识点和学习方法；另一方面，导学教师要根据学员的需要提供教学辅导，指导学员带着问题学习，指导学员预习、复习，归纳要点、指出重点、解答疑难点，对知识进行系统化的整理。②资源导用。教师一方面要对教学资源的提供情况进行详细的介绍，介绍资源的数量、质量、特点、使用方法、获取方法和对资源质量的评价；另一方面，要对资源的运用策略进行指导，教会学员如何正确评价和筛选信息，如何有选择地、快捷地、有针对性地从丰富的教学资源中获取达到学习目标所需要的知识信息，让他们少走弯路、节省时间，提高他们评价信息和获取信息的能力。

总之，学习资源是学员进行学习的物质基础。基于网络教育资源的学员自学，就是通过充分发掘和利用各种不同的资源而展开的一种学习模式。学员通过网上自主学习、参与讨论、浏览相关课外资源等一系列的自主学习活动，在相同的学习条件下以不同的进度进行学习。当然，学员的学习必须在教师的引导下进行，这样才能达到既定的教学目标。

第二节　基于网络环境中虚拟教师的讲授式培训模式

一、基于网络的课堂讲授型培训模式

课堂讲授型教学是指以教师的讲授为主，由教师控制教学过程的教学模式。教学过程的要素包括教师、学员、媒体、资源四个部分。其优点是教师与学员可以面对面交流，师生之间的交互、交流是实时的。

二、基于网络环境中虚拟教师讲授式培训模式的特色

虚拟教师是指利用网络流媒体技术，将进行课堂教学时的视音频信号实况广

播到网上，同时，通过严格的学员身份管理功能，保证只有授权的学员才能通过远程的终端上课。在转播课堂教学实况的同时，系统还可以自动将内容录制下来，制作成视频课件，供远程学员在课后点播复习使用；同时，未能及时上课的学员，也可以通过视频点播课件来学习相关内容。其模式如图 6－4 所示：

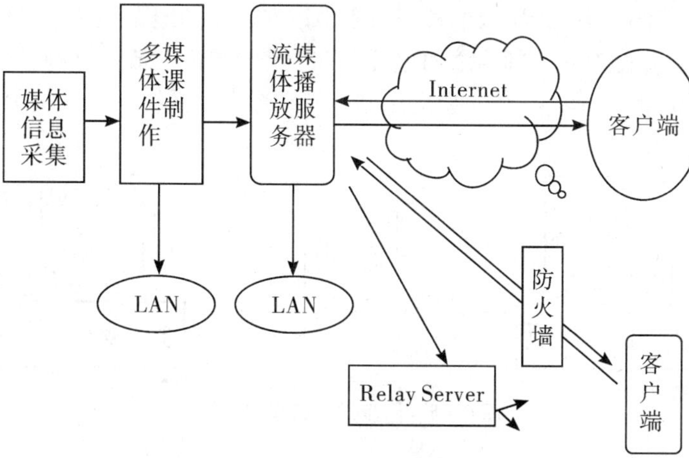

图 6－4　虚拟教师讲授式培训模式

虚拟教师讲授式培训模式的主要特色如下：

（1）实时课堂同步直播。利用摄像机拍下教学实况，由实时教学直播压缩工作站将教学实况压缩为流媒体并通过网络广播。系统广播的节目流码率可适应用户端网络宽带。同步录播和发布多媒体课件，同时还可以实时录制直播现场主讲教师授课的电子文档信息，并通过同步媒体技术与视频/音频信息同步，生成同步多媒体课件。

（2）远程直播控制和管理。支持远程的直播和录播管理功能，管理人员可以通过网络来远程对直播压缩机器进行控制和管理，不需要到课堂现场操作。

（3）可在线视频交流。结合在线视频交流功能，可以让学员在上课的同时，与教师进行基于视频/音频/文字等的在线交流。

这种流媒体技术应用模式与传统网络课堂教学或 VOD 应用模式相比，具有更大的灵活性和主动性，更丰富多彩，它改变了以教师或网络课程、课件为中心的方式，使学员成为中心，给学员最大的空间，注重学员在学习中的积极参与。基于流媒体技术的虚拟教师讲授式培训为学员创造了一个能自己主动安排、同步交互、充满情感交流的“人性化”学习环境。通过流媒体技术将远程教师的授课过程以“流”的方式展现在远程学员的面前，创建出真正意义的“虚拟课堂”，为学员提供了“面对面”学习的“情境”。

三、基于网络环境中虚拟教师讲授式培训类型

1. 基于网络环境中虚拟教师同步讲授式培训

在同步讲授式教学模式中，教师和学员在不同的地点上课。教师在配有摄像机、话筒、电子白板、投影仪的授课教室中讲课，不同地点的学员可以在同一时间聆听同一教师的教学，师生之间也可以有一些简单的交流。这种教学模式的基本结构如图 6－5 所示，目前主要运用网络视频会议等系统来实现这种授课方式。

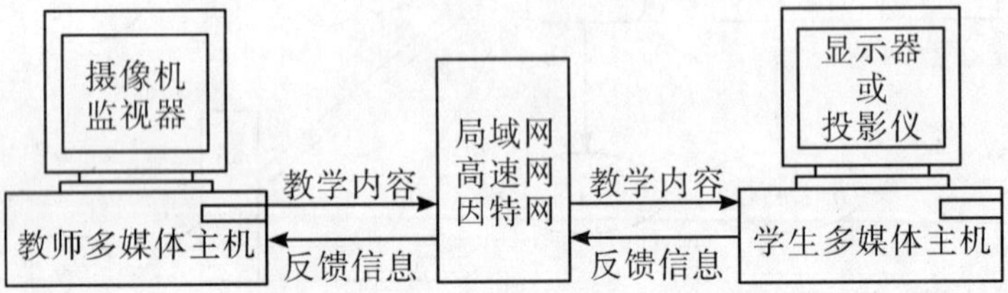

图 6－5　同步式网络学习系统

这种教学模式要求教师课前要把讲授的内容、材料（包括计算机内的文本文件、图形、动画及多媒体课件、音频素材、视频素材等信息）以超文本形式组织起来并存放在 Web 服务器上，教师通过多媒体电脑和 Web 服务器对这些内容进行讲解。异地学员通过 WWW 浏览器和多媒体电脑同步浏览上述内容，并可将简短的信息反馈给教师，以求教师给予学习上的帮助。

这种基于 Internet 的同步讲授学习系统的优点是：技术简单，容易实现，价格低廉，还可以沿用传统的教学模式，对教师的教学要求比较低，课堂学习氛围较好，比较适合目前的学习习惯。缺点是：师生间的交互性差，缺乏感情上的交流。要解决这一问题，就要采用实时交互式远程教学系统。该系统将网络、多媒体及虚拟现实技术结合起来，达到师生双方或多方实时交互，需要较宽的网带，传送音频、视频信号，在向校园网之外传送时，要将视频、音频信号进行压缩，转变成数字信息流。这种系统一般适用于专用高速网或局域网，其结构模式如图 6－6 所示。

2. 基于网络环境中虚拟教师异步讲授式

这一方式的实现比较简单，只要利用 Internet 的 WWW 主页服务和电子邮件服务即可。这种模式要求教师将准备好的教学要求、教学内容、课后作业等素材编制成特定格式的文件，存放在 Web 服务器上，学员通过浏览这些页面来达到学习的目的；另外，还可以将教师课堂授课的实际情况拍摄下来，经过适当剪辑后，运用流媒体等技术进行加工，与讲稿一起存放在网络服务器上，供学员通过网络浏览器进行浏览。学员无须在指定的时间和教室中学习，就可以随时随地听到教师的课堂授课。当学员遇到问题时，可通过主页提供的链接阅读教师提供的

参考资料进行解决，也可以发电子邮件给教师，教师再以电子邮件的形式将帮助或指导信息发给学员。[1]（见图6－7、图6－8）。

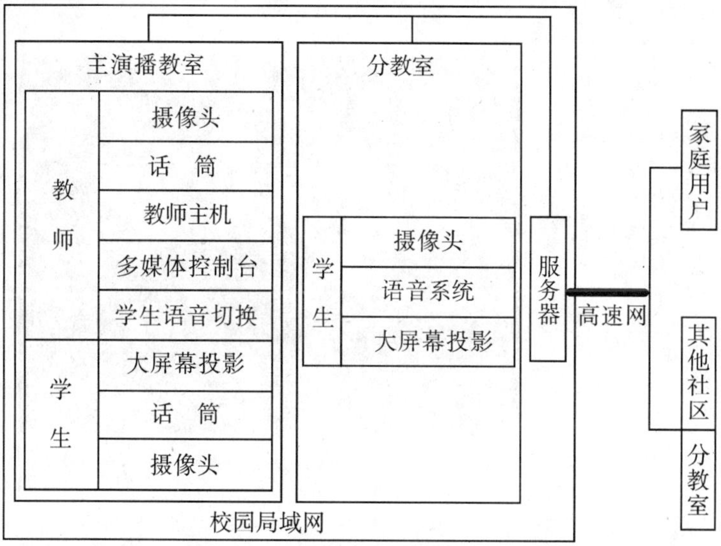

图6－6　实时交互式远程教学系统

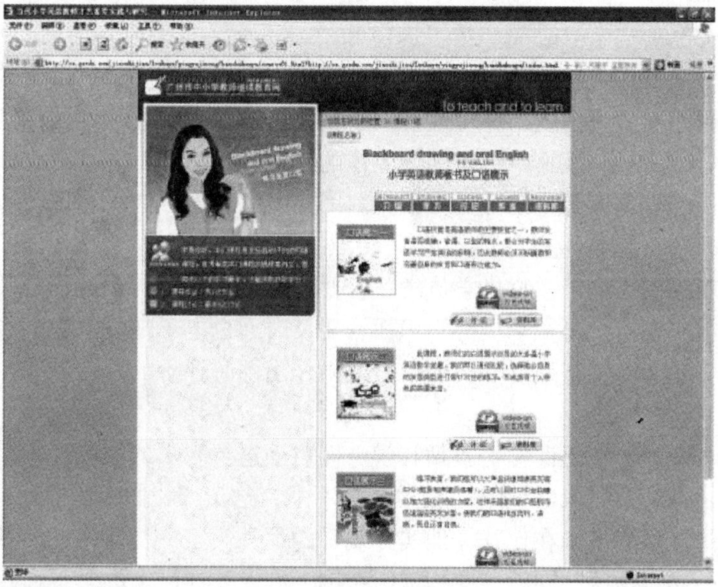

图6－7　异步网络讲授式教学（首页）

① 李克东. 新编现代教育技术基础［M］. 上海：华东师范大学出版社，2002

图6-8　异步网络讲授式教学（教学中）

这种学习模式的特点在于：学习活动可以全天进行，每个学员都可以根据自己的实际情况确定学习时间、学习内容和学习进度，也可以随时从Internet上下载相关的学习材料或向教师提出问题。网上异步式讲授与同步式讲授的不同之处主要在于时间上的自由度，异步式要求学员有更强的自觉性；共同点则是它们都没有改变传统的教学模式中以教师为主体的讲授模式。这种方式缺乏即时的交互性，对学员的自觉性和主动性要求较高。因此，这种学习模式要取得较好的学习效果，必须有一套能够充分体现学员特点，并适合网上信息表达与传输的图、声、文并茂的优秀电子教材供学员学习；要为学员提供与所学课程有关的大量辅助信息资料或索引，拓宽学员的知识面；要及时通过电子邮件解答学员的疑难问题；要建立一套能完整地对学员的学习效果作出即时评价的反馈系统，时刻激励学员。

网络教学由于缺乏课堂上教师与学员面对面进行教学的氛围，师生缺乏情感上的交流，也就是我们常说的“教学场”不强，这正如我们在家里观看足球比赛实况转播的气氛远不如在比赛场地实际观看的那种气氛一样。因此，教师或网校在提供各种知识素材的同时，应积极组织网上沙龙，让网上的学员通过沙龙互相交流学习体会，进行网上讨论或网上协作攻关，并为他们提供集体活动的机会，促进学员之间、师生之间的情感交流，保证学员完整人格的形成。

第三节　基于网络培训平台的讨论式培训模式

一、基于网络培训平台的讨论式培训模式概念

基于网络培训平台的讨论式培训，是指利用计算机网络及多媒体技术，由多个学员针对同一学习内容彼此交互和合作，结成若干个协作学习小组，以达到对教学内容更深的理解与掌握的过程。

讨论式培训方式是一种通过小组或团队的形式组织学员进行学习的一种教学方式。小组成员的协同工作是实现班级学习目标的有机组成部分。小组协作活动中的个体（学员）可以将其在学习过程中探索、发现的信息和学习材料与小组中的其他成员共享，甚至可以同其他组或全班同学共享。在小组协作学习过程中，学员之间为了达到小组学习目标，个体之间可以采用对话、商讨、争论等形式对问题进行充分论证，以期获得达到学习目标的最佳途径。学员学习中的协作活动有利于发展学员个体的思维能力，增强学员个体间的沟通能力和对个体间差异的包容能力。

二、讨论式培训模式的基本特点

多媒体技术能为学员提供形象、直观、界面友好的学习环境，网络技术打破了时空的限制，并为学员提供了信息获取与传输的通道。通过计算机支持的协作学习，身处不同地域的学员可通过计算机网络进行交流和沟通，并通过计算机组成学习小组，在共同协商和互助的气氛中完成共同的学习目标。

1．计算机支持的网络培训平台讨论式模式的交互性

通过人机交互、机机交互可以在计算机网络间实现人与人之间的信息交流。多媒体网络信息的多样性不仅能为网络中的人们提供形象生动的符号与信息，同时它还能以多种交互方式实现有效的学习协作。为使讨论式学习在网络中更充分有效地实现，计算机支持的网络培训平台讨论式模式的交互性总体来讲具有以下五个特点：

（1）传输信息丰富。随着传输光缆的大面积铺开，网络的运行速度得到极大提高，网络传输的信息也逐渐由原来的纯文本信息向多媒体信息转变。在计算机支持的讨论式学习系统中，交互信息不仅包含文字信息，还包含视频、图像、程序软件等多种形式的信息类型，这保证了学员之间进行有效协作所需的必要交互。

（2）人与人交互方式多样。通过计算机网络进行的协作学习可进行一对一、一对多，也可以进行多对一、多对多的人—人交互方式。

（3）交互控制权灵活性高。计算机支持的讨论式学习环境中的交互控制权，既可以均衡分配，也可以高度集中。

（4）交互时空的灵活性。计算机支持的讨论式学习系统可支持同步交互、异步交互，交互双方还可以在一个虚拟时空进行交互。

（5）交互的间接性。在网络环境中进行的交互不像面对面的交互那样具有直接性与全面性的特点。由于人与人之间必须通过网络作为中介来进行信息交流，因此，计算机支持下的讨论式学习具有间接性与片面性的缺点。然而，其间接性的交互特色，使学员可进行匿名交互，学员在进行匿名交互时不必顾忌他人的想法而畅所欲言，可将学习的关注点从内容的效果转到内容本身上面。另外，学员可利用网络环境中交互的间接性建立公共交互中的私人通道。在共同空间下，学员可通过网络以非顺序方式发言，多位学员可在同一时间向教师和协作者提出自己的见解而互不干扰，这是网络环境中交互的间接性给协作学习带来的一个优势。

2. 计算机支持的讨论式学习系统的协作性

交互性是计算机支持的讨论式学习实现协作学习所必要的条件，但要使学员之间产生讨论式的学习行为，还必须提供适当的讨论机制。计算机支持的讨论学习系统能提供的协作学习机制主要包含以下五个方面：

（1）支持共享信息。信息资源的丰富程度影响着协作成员及整体目标的实现。提供共享信息的功能，不仅可以使成员个体获得更广、更多、更新的信息，而且可使协作组成为信息接受的整体，加强集体的凝聚力。

（2）支持共享活动。讨论学习目标的实现都是通过一系列共享活动和集体讨论、轮流发言、流线操作等来实现的。

（3）支持角色扮演。讨论学习中，学员各司其职，共担荣辱，即在网络环境支持下的讨论学习要包含相互依赖、个体职责等要素，而调停者、指导者、组织者等也是复杂的协作系统成功的重要因素。

（4）支持创造行为。讨论学习的最终目标是明确的，但学习过程却是多维的。讨论学习过程形式灵活多样，因此，协作学习过程会促进学习个体的学习观、学习方法、知识结构、技能结构的极大改进，新的观点、思路、策略等涌现出来，有时甚至超过预定的小组学习目标，达到超过目标的效果。因此，合理地讨论学习过程设计必然对培养学员的创造性具有极大帮助。

（5）支持控制管理。学员在学习过程中的交互形式多样化，各个学员的学习行为也不大一样，因此，为使协作和谐一致，需要制定完善的控制管理策略。

三、基于网络培训平台的讨论式学习的基本要素

（1）协作小组。它是协作学习模式的基本组成部分，小组组合方式不同将直接影响到协作学习的效果。通常情况下，协作小组的人数不要太多，一般以2 ~4 人为宜。

（2）成员。即学员，一般按照学习成绩、知识结构、认知能力、认知风格、认知方式互补的原则，将学员分派到各协作小组。

（3）辅导教师。在协作学习中辅导教师并非可有可无，由于辅导教师的存在，协作学习的组织、学员对学习目标的实现效率、协作学习的效率等都可以得到有效的控制和保证。

（4）讨论学习环境。它主要包括协作学习的组织环境、空间环境、硬件环境和资源环境。组织环境是指协作学习成员的组织结构，包括小组的划分、小组成员的功能分配等。空间环境是指协作学习的场所，如班级课堂、互联网环境等。硬件环境指协作学习所使用的硬件条件，如计算机支持的协作学习、基于互联网的协作学习等。资源环境是指协作学习所利用的资源。①

四、基于网络培训平台的讨论式培训模式的构建

（一）分析学习目标，确定学习内容

教师通过对学习目标的分析，将学习目标转化成相应的主题，运用主题的形式激发学员的学习热情和兴趣，驱动学员的求知欲望，使学习变成学员的内在需求，从而吸引学员参与。教师在认真分析学习内容的基础上，给出相应的学习主题。主题应当形式活泼，接近学员的生活实际，便于学员从不同的角度思考。教师通过学习内容和目标的制定，可以很好地控制学员学习的方向和速度。

（二）建立学习小组

研究表明，学员在具有良好的组织结构的协作小组中学习，其效果远优于传统的班级组织形式，学习小组的组建是否合理将直接影响到学员学习的质量和效果。在一个合理的学习小组中，学员之间应维系一种有机的关系：学员一方面需要独立完成自己的工作，另一方面又必须与其他学员进行交流，共同实现整体的学习目标。建立学习小组应当考虑以下因素：①共同的学习愿望。共同的学习态度、愿望，能产生心理认同、情感认同，这是合作成功的关键因素。共同的目标使他们心往一处想，劲往一处使，从而积极主动、自觉认真地学习。②相似的个性条件。参与学习的学员在年龄、职业、工作单位、学习基础、兴趣爱好、心理

---

① 张榕玲，杨改学．网络环境下协作式学习模式的探讨［J］．教书育人，2006，7

素质等方面都存在着差异，这些差异给教师的教学辅导带来了不便。因此，应该将具有相似个性的学员组合为一个学习小组，相互联系、相互作用、优势互补。③相近的时空环境。小组成员同在一个较小的空间范围，有大体一致的活动时间，这是开展小组活动的前提条件。

（三）创设学习环境

建构主义认为，学习环境是学员可以在其中进行自由探索、自主学习、构建知识的场所。网络环境下的协作学习环境是利用计算机和网络讯等技术构造，提供各种学习条件以支持个性化学习，促进学员交流合作，以完成学习任务的虚拟学习场所，如BBS、电子邮件、聊天室等。构建合理的协作学习环境，应当具有一定的学术研究氛围，且要便于对用户和讨论进行管理。设计协作学习的情景时要注意能引起争论的问题，并将问题逐渐展开；教师通过提问引导学员讨论，并及时对学员的表现作出评价。

（四）信息资源的设计

为支持学员的主动探索和意义建构，在协作学习环境中应提供各种共享的信息资源，帮助学员认识知识的多样性、复杂性。这些信息是建构知识、思维方式、学习情景以及有关线索的框架，而不是传送知识信息本身。利用这些资源，学员可以进行自主学习和协作式探索，不断构建新的知识，以此形成并发展他们的自主学习和创新能力。教师必须对信息资源进行整合、设计并提供相应的信息资源和搜索方法，有效地促进学员对知识的建构，提高学习效率。

（五）讨论式学习活动的设计

协作学习活动要围绕学习内容展开，并根据不同的学习内容采用不同的活动方式。作为合作的协作学习环境，学习活动形式应丰富而有吸引力，可以通过接收网络直播课堂的辅导进行网上学习讨论；还可以通过网络辩论阐明自己或小组的观点。教师要对协作活动过程有良好的组织和引导作用，使学员体会到协作学习的有效性。整个学习过程都是在教师的指导和组织下进行的。教师要对学员在学习过程中遇到的问题给予及时的指导和帮助，通过提问或启发，帮助学员进行知识整合；同时，对学习过程要进行组织、管理、监控和协调，积极支持小组的合作，帮助小组成员建立良好的关系，促进协作学习的开展。

（六）讨论式学习效果的评价

及时了解学习过程中出现的问题，及时反馈评价结果，这样才能及时地对协作学习的各个阶段进行修改和调整。协作学习的评价是一种多元化的评价，评价时要注意结果评价与过程评价相结合、个人评价与小组评价相结合。对协作学习效果的评价可从以下三个方面考虑：①自主学习的能力，如完成指定学习任务的能力，从海量的网络资源中获取有效信息的能力，分析、评价相关资料的能力等；②对协作集体所作的贡献，包括对问题的理解程度、对其他协作成员的帮助、对协商过程的把握等；③是否完成了对所学知识的意义建构，而形成对知识的意义建构是学习的最终目的。在整个学习过程中，教师不仅要对学员在学习中解决不了的问题或提出的新问题给予及时的指导和帮助，同时还要引导各小组的工作，适时地组织各小组进行形成性评价。形成性评价主要是对小组已取得的成果和存在的问题进行评价，旨在更好地解决问题。在问题解决后要组织学员进行总结性评价。总结性评价以学员个人为主要评价对象，以促进学员个人的发展为宗旨。对协作学习的总结性评价，宜采用多元评价的方式，如从每个学员的自学情况、答疑情况、参与态度、对知识的意义建构以及协作小组的合作情况、整体学习效果等多个维度作出综合评价。①

基于网络培训平台的讨论式培训效果的评价是一个相对开放的体系，过程评价的标准具有多样性，一般通过小组集体讨论的方式进行。在评价过程中，小组成员可以进一步加深对协作学习内容的认识与理解。对可以形成统一观点的主题要通过学习达成共识，对不能形成统一观点的主题要有全面的认识。协作学习的成果可以是报告、论文，也可以是口头汇报。教师应该对过程进行控制并及时总结各组的优缺点，给予适当的评价；不仅评价学习结果，更重要的是评价学习过程。

总之，在远程教师培训中实施合作学习的模式应把握好四个主要环节，即成立合作学习机构、建立合作学习任务、强化合作学习过程、总结合作学习成果，大致可以采用如图 6－9 所示的模型实施。

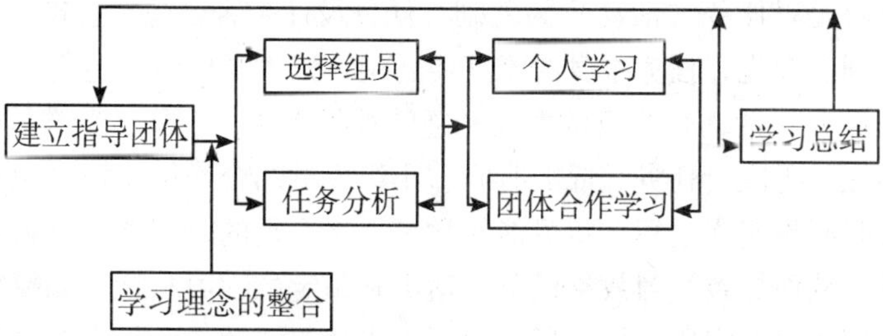

图 6－9　基于网络培训平台的讨论式培训模式

整个模型体现了教师学习的一种新理念，在采用合作学习的教育机制中，对教师的培训首先应充分了解教师的学习目的和要求，从教师的学习愿望和行为方式出发，自下而上地统一到合作学习的策略中。通过培训者的指导，协商建立并实施合作学习计划，针对教师的实际需求，合理组成任务合作组，在小组中通过个人的努力和其他成员的互助、动态反思完成学习任务，获得技能。

① 王小平．网络环境下基于合作的协作学习模式的构建与应用［J］．现代教育技术．2004（4）

五、基于网络培训平台的讨论式培训的学习支持服务

通过对基于网络的协作学习模式的学习研究和总结，笔者发现，基于网络的协作学习还需要得到更多的关注和改进。在资源与技术支持、活动设计以及学习支持方面要投入更多的力量。

1. 资源与技术支持

网络环境下协作学习平台的学习资源是学员学习的主要材料，因此，一个合格的网络教学环境应该提供丰富的学习资源，并提供支持基于网络的协作学习的信息组织方式和导航软件。英国有学者提出了一种名为 WebGuide（网络导航）的基于网络的工具软件，这个软件运用革新机制详细说明了一种灵活的基于可共享知识建构空间的系统，它可为个人和小组提供电子的和持久稳固的工作，便于他们开发和共享基于同一主题的各有特色的观点。此外，还应具备功能强大的协作学习支撑平台，充分利用多媒体技术丰富网络资源，以促进学员之间的交流与协作学习，如前面提到的腾讯 QQ 和 MSN 所提供的音频视频及自定义表情功能。而这些功能对网络的传输速度和互联网带宽提出了更高的要求。此外，要使学员获得身临其境的效果，激发他们的参与意识和积极性，网上的虚拟技术也有待进一步提高。

2. 任务（活动）设计

协作学习是以任务（活动）为基础，任务设计是否合适，直接关系到学员的目标能否达到。首先，任务本身的难度要适中，以学员经过一定努力能够达到为宜。其次，任务（活动）本身的意义和趣味性很重要，它能激发学员的参与意识和学习积极性。再次，任务完成的时间、小组成员的合作策略设计也很重要。如果任务完成时间规定得过短，将可能使学员没有充足的时间准备资料和进行学习讨论与交流，从而导致学习效果低下，达不到预定的学习目标；如果规定的时间过长，也会使学员在完成了学习任务而下一步学习活动还未提出的这段时间里感到无事可做，这也可能会影响学员的学习积极性。此外，还应重视整体活动的设计。例如，美国新泽西州的一位研究者提出了作为一种学习环境的 Architectural Design Studio（建筑设计工作室）的概念。它不仅给学员很大的自主权，还提供组织结构，帮助学员将个人和小组的习得成果进行整合，提供了一种在开放的学习环境中开展协作学习活动的有效模型。这一设计工作室不仅提供了一种在协作学习中保持学习自主性的框架，而且提供了一种协作、交互的模型。

3. 学习支持

在网络环境下学员心理准备不足，网上学习的能力也不够，如果得不到充分的学习支持，则可能给小组成员间的协作学习造成负面影响，所以，在这方面的网络协作学习需要教师的指导和帮助。首先，针对在网络环境下一些学员的心理

准备不足，教师要充分发挥其指导者的作用，为学员提供理论上的指导；其次，针对一些学员可能存在的网络协作学习能力不足的问题，教师应事先对他们进行必要的培训，使他们掌握基本的计算机操作能力，提高打字速度，以便达到网络协作学习的最优效果。①

总之，中小学教师继续教育培训与学习是长期性、多样性的，在开展大规模的教师教育时，具有一定的复杂性和挑战性。讨论式学习理念为教师教育开创了团体合作的模式，这种讨论式的学习模式对教师的学习是有益的，符合学校和教师的具体情况。通过教师的合作学习，能够增加教师受教育的机会，提高教师的科研能力，丰富教师的实践经验，对改变教师学习观念和促进教师专业发展有着重要的意义，尤其对改进、提高教师的专业水平和教学技能有着积极作用。在培训实践中要充分利用丰富的远程教育资源，积极探究、实施教师教育的合作性学习，实现教师继续教育学习的民主化、现代化。

思考题

1. 基于网络教育资源的学员自学式培训有哪几种模式？其具体特点是什么？
2. 基于网络环境中虚拟教师的讲授式培训模式的特点是什么？
3. 简述基于网络培训平台的讨论式培训模式的建构过程及学习支持服务。

① 翟蓉．基于网络的协作学习模式的研究［J］．北京邮电大学学报（社会科学版），2005（1）

第七章　中小学教师继续教育网络培训的评价

内容提要

本章从中小学教师继续教育网络培训平台、辅导教师、学员三方面对中小学教师继续教育的培训进行评价，以便更好地促进中小学教师的培训效果。本章的主要内容包括：

1. 对中小学教师继续教育网络培训平台的评价
2. 对中小学教师继续教育网络培训辅导教师的评价
3. 对中小学教师继续教育网络培训学员的评价

评价是衡量基于网络环境的学员，其培训是否能达到预期目标的尺度，只有通过量化评价，才能切实把握教师的教学和学员的学习情况，得出培训效果如何的正确结论，为进一步改进培训系统提供有效的帮助。

中小学教师继续教育网络培训的评价属于教育评价的范畴，同样具备教育评价的主要特点。网络培训与传统培训相比，它又体现出鲜明的特色：重点关注学习资源和学习过程的评价，如学习要依托丰富的学习资源；自主学习、协作学习等是学习的重要方式；教与学活动在时空上分离；网络教学的实现需要可靠而安全的网络传输系统等。总的来说，对网络培训效果的评价主要从信息资源、网络平台、辅导教师、学员四个方面进行。

第一节　对中小学教师继续教育网络培训平台的评价

为了提升中小学教师继续教育培训平台的建设水平，优化网站结构，提高网络教育的质量，实现对中小学教师现代远程教育乃至整个教师继续教育科学和规范的管理，完成中小学教师的继续教育工作，有必要采取适宜的评价方法，制定培训平台的评价标准。

一、中小学教师继续教育网络培训平台的定位

中小学教师继续教育网站要根据社会需要和自身条件，找准自己的位置，明确在一定时期内网站的目标定位和教学对象定位。要求定位准确，有发展规划，有时代特征，办学思路有特色。

中小学教师继续教育网络平台的评价是对教学平台的质与量进行测量和评定，它涉及教学平台的教学作用、技术特征等多个方面。

二、评价的特点、内容和方法

1. 评价特点

中小学教师继续教育培训网站是一个范围大、内容多的载体。从内容上看，网络课程和资源中心是该网站众多教学资源的一部分；从形式上看，网络课程有许多功能模块，继续教育培训网站设置了许多栏目；与普通网站相比，继续教育培训网站更多地体现了它的教育性。

由此可见，在建立中小学教师继续教育网站评价指标体系时，既要考虑网站的网络属性和主要特点，又要考虑它与传统教学方式以及网络课程、网络课件、网上教学资源库和普通网站之间的联系和差异，还要考虑哪些指标在该网站教学评价指标体系中出现，而哪些指标不出现。

2. 评价内容

中小学教师继续教育培训网站中的教学媒体就是网络教学支撑平台。对网络教学支撑平台的评价包括技术系统和教学系统两部分。技术系统指系统的安全性、可靠性和稳定性；教学系统指平台能够提供实现自主学习、协作学习、讨论学习和探索学习的策略支持系统。

对学习支持与服务系统的评价主要是考查学习支持与服务系统能否建立比较完善的管理机制和及时有效的反馈。

3. 评价方法

围绕中小学继续教育网络培训平台评价的主要内容，我们可以采用多种方法来进行教学网站有效性的评测。这里主要采用德尔菲法，指标权重的确定采用专家打分法。这一方法普遍用于进行网站有效性、激发作用的评价，同时也可用于进行中小学教师继续教育网络平台有效性的评测。中小学教师继续教育网站评价指标体系的建立是以网络平台评价的主要内容为中心的，不同的教学网站其量表的具体内容是不同的。

三、中小学教师继续教育网络培训平台评价内容

由以上分析可知，对中小学教师继续教育网络培训平台的评价，整体上可以从内容、技术以及效用三方面来考虑。

（一）内容评价

1．新颖性

新颖性是从平台的结构设计和内容的具体呈现方式（版面设计）两个方面来把握，把教学内容的新颖性放在信息资源维度上进行评价。网页上要有恰当的、符合主题要求的图片，使浏览者能获得良好的视觉感受，从而帮助学员加深对概念、思想以及相互关系的理解。

版面设计要新颖、布局合理、层次分明。字体选择以及字号的大小要体现美观大方、大小适宜的原则。文字颜色要协调，使阅读者感到舒适。可选择相应的动画显示，使网页看起来有活力，但要注意动静结合，不能喧宾夺主、令人反感。

2．准确性

网络培训平台要体现教育信息化、素质教育、网络教育新理念，把教育改革建立在现代信息技术的平台上，注重培养学员的创新能力，而不是停留在对传统教育的网上搬家。信息准确、真实、客观，语法及拼写正确，信息来源清楚标出，提供著作者、网站创始人或管理人的联系地址，若涉及版权问题，要能给出版权所有者的姓名。

3．权威性

信息可靠、可信，著作者能清晰识别，作者或信息提供者在本专业领域具有声望或权威，信息被其他权威站点摘引、链接与推荐过。

4．便捷性

便捷性指整体设计以人为本、用户至上，它包含两方面的含义：一是应用方便，二是维护更新方便。它要求有相应的技术使用说明文档，并提供使用说明、疑难技术问题解答等帮助；导航结构清晰完整，界面友好，简明直观，操作简便，反馈提示信息及时、清晰、准确、恰当；链接明显易辨，完整合理，准确高效；定位标记明显；可方便地在各个栏目及学习内容的篇、章、节间跳转；可依据学习进度自由增减书签，学习记录要完整、准确，便于查询。

5．教学设计

教学设计是决定中小学教师继续教育网站质量、效率和效益的关键。与传统课堂教学相比，在网站中教师很难随时根据学员的反馈及时调整教学内容和教学策略，因此，只有通过高质量的教学设计才能够在教学实施过程中应对各种可能发生的情况，才能够满足学员的多样需求。对中小学教师继续教育网站教学设计

的基本要求是目标明确、教学策略科学、媒体选用恰当。目标明确是教学设计的基本出发点，而良好的教学策略设计是有效教学的基本保证。应该将各种学习理论所倡导的强调学员积极参与、注重学习情境的创设和学习的多起点、多路径等观点与教学设计的方法结合在一起，制定出合适的教学目标，采用合适的策略和方法，为学员创造一个良好的学习环境，提供促进学习的活动、练习及测评方法。它要求栏目设计合理，适当选用文本、图形、图像、音频、视频、动画等媒体形式，各种媒体的呈现要符合认知规律，能将学员带入需要解决或解释的疑问或现象的情景描述中，以帮助学员领会教学内容；能充分利用事例或案例实施教学；采取多种教学策略并运用得当，有较强的感染力，启发性强，能引导学员积极思考；提供各单元、栏目的测验和不同层次的练习，练习内容丰富，可涵盖大部分知识点，练习中包含有高层次的迁移练习和综合性练习并能针对练习提供及时的帮助和反馈，使学员能够方便地找到准确答案并改正错误；有与学习内容相关的必要的实践活动，支持教师设计、发布、评估和调查学员的学习情况，可采用试卷、练习、作业等形式。

（二）技术性评价

1. 导航设计

内部链接是否丰富，所链接的资源是否丰富、新颖，不仅有文本，还有图像、声音信息等；所链接的资源是否与主体学科相关；框架是否清晰；信息组织方式是否多样；是否按主题、学科形式、读者对象分类。

2. 信息组织

信息分类是否科学、合理，各屏幕所含信息是否适中、平衡，有无过多或过少的现象；信息的加工处理与传递是否富有实效性，这可以通过信息的更新频率或信息发布的日期或信息的有效期来判定。

3. 检索功能

检索方式是否多样，是否既可分类浏览查找又可直接输入检索词查找，可否按题目、作者、关键词等多种途径检索，是否提供高级查询方式（如布尔逻辑等），对所查信息是否有选择与限定自由。对文献类型、出版时间、形式等进行选择，限定响应速度是体现检索功能效率的重要指标，主要体现在是否连通迅速、等待时间短、下载速度快。

4. 维护性

这是考查中小学教师继续教育网络培训平台教学内容和应用程序的更新、维护和管理功能。要求有良好的资源上传、下载、增加、更新、删除等资源维护管理功能，提供应用程序和数据备份及恢复功能；教学单元、素材、数据或程序模块维护方便；可供教师对教学内容进行调整与组合；可收集、保存、处理、跟踪学员在学习过程中的表现信息。这些有助于教师依据学员的学习情况作出适当的教学调整和反馈。

5. 稳定性

稳定性是中小学教师继续教育网络培训平台正常运行的最基本的保证。要求管理、使用权限划分合理，选用主流操作系统和浏览器；运行过程稳定、可靠，响应速度快；提供在线故障求助和在线帮助功能；提供恶意攻击检测病毒监控与防范等功能，防止非法用户对网络的操作和破坏。此外，还要注意网站的教学设计。

6. 学习支持服务

对于网络教学来说，学习支持与服务系统同课程与媒体一样，对于教与学相当重要，只是它对网络培训的影响是非直接的，通常包括监控系统和服务系统。

（1）服务系统。

①能提供功能相当齐全的网络教学支持平台，并且负责对平台的管理、维护；建立比较完善的管理机制，保证网络教学的安全、稳定实施；为教师和学员提供简单明了的使用指南。

②提供比较完善的教师培训计划，为教师进行教学设计和应用各种教学策略提供资料和模板；提供便于教师组织教学活动和师生交互的技术支持；为教师评价学员及系统提供可参考的量规；及时反馈对教师的评价。

③为学员提供学习包，其中包括学习指南和多样性的学习资料。学习指南是学员参加远程教育学习的必要帮手，也是对学员进行管理的重要参考依据。它告诉你必须具备哪些技术条件和足够的计算机知识来完成一门课程，并且介绍了远程培训的学籍管理办法、课程考核办法、专业教学计划、教学内容、课程安排以及如何获取学习资源等。此外，还包括通过诊断性评价确定学员的初始能力、认知风格等，为学员提供学习方法等建议；采取适当措施保证学员与教师或学员之间的交互以及对学员的问题进行及时、准确的回答；对学员的评价准确及时，能激励学员的学习。

（2）监控系统。

①建立评估体制，对教师工作、学员学习情况进行检查、评估和管理，建立奖惩机制，并有明确的要求和措施。

②对教学资源进行管理，以使学员、教师能方便快捷地利用。这里的教学资源不仅包括教学素材、教学课件、教材资源等，还包括学期总结、试卷、学员成绩等。

③对教学网站和教学设施进行维护、管理。

（三）效用评价

1. 交互性

交互性能引发学员的学习积极性，是中小学教师继续教育培训平台中最吸引人、最有特色、最有活力和最具表现力的一个功能。交互的类型有人机交互和人人交互，也可分为教师与学员的交互、学员与学员的交互及学员与教学内容的交互。中小学教师继续教育网络平台教学评价标准中的交互性，要求在学习过程中要有充分的交互活动机会；由学员自主选择学习内容，在教学内容中设计让学员讨论或协作解决的问题；提供及时、具体、有启发意义的反馈；具有检索、解答、自测等人机交互功能和讨论答疑、协作等交互功能；包含有 e-mail、BBS、公告栏、聊天室、留言板等多种交互方式，以满足同步、异步等多种网上教学形式的需要；能利用关键词检索、全文检索或分类检索等方便、快捷、多样的检索机制检索出网站中以各种媒体形式表现的内容，而且点击检索的结果即可进入相应的内容，查全率和查准率高；提供模拟、交互性实验或教育性游戏等活动；能保存学员的学习过程、学习结果，针对学习内容的重点、难点提供学习指导和帮助。①

2. 效益性

良好的教育效益体现在有一定规模的固定用户、数量增多的浏览者和潜在用户，体现在用户的参与度高、学习效率高和满意度高，体现在网站安全、可靠、故障少；信息流量大，节省用户时间，知名度高，社会影响大，信誉好。②

四、评价指标体系的构建

为了确保评价标准的权威性和可行性，在确定了初步的学科专业网站评价标准后，我们邀请了20个专家组成了专家评议小组，以初定的学科专业网站教学评价标准为蓝本，按照德尔菲法进行了两轮专家评议，再根据专家评议结果增加、删除、合并了部分指标选项，对评价指标体系进行了修改，建立了具有共识性的学科专业网站教学评价标准。网络培训平台的评价标准如表 7－1 所示：

表 7－1　网络培训平台的评价标准

一级指标	二级指标		分值	评价标准	得分	备注
目标定位		教学对象		学科专业网站在人才培养中的作用和地位定位准确，有明确具体的教学应用对象		
		平台特色		主题突出，学科特色明显		

① 王海燕，鲍洪晶．教学网站有效性评价问题研究［J］．现代教育技术，2003（4）

② 周梅群，吴华．教育网站评价指标体系设计之研究［J］．电化教育研究，2004（8）

（续上表）

一级指标	二级指标		分值	评价标准	得分	备注
平台内容	新颖性			结构设计新颖、独特，富有创意		
				界面简洁、美观、新颖，风格协调统一，富有较强的视觉效果，符合学员的认知心理，干扰因素少		
				采用先进的计算机网络技术，交互方式和表现形式灵活多样，有创新		
	准确性			体现教育信息化、素质教育、网络培训新理念，把教育改革建立在现代信息技术的平台上，注重培养学员的创新能力		
				信息准确、真实、客观，符合事实标准或真实情况；语法及拼写正确		
				信息是由网站权威人士自己撰写还是转引其他权威性机构、组织或个人，出处清楚标出		
	便捷性			有使用说明、疑难技术问题解答、在线故障求助和在线帮助功能，且帮助和问题提示信息及时、清晰、准确、恰当		
				内容的篇、章、节间跳转链接明显易辨，准确高效		
	权威性			信息可靠、可信，作者可清晰识别，作者或信息提供者在本专业领域具有声望或权威，信息被其他权威站点摘引、链接与推荐		
	教学设计	栏目设置		栏目划分和布局合理，组织结构清晰，主次详略得当		

（续上表）

一级指标	二级指标		分值	评价标准	得分	备注
平台内容	教学设计	教学策略		注重学员认知主体作用的发挥，体现素质教育、创新教育思想，体现学员个性化、人性化要求，教学策略得当，能激发和维持学员自主学习的动机和兴趣		
				内容编排和设计易于引发学员的学习兴趣，充分考虑了学员的年龄、知识背景、认知特点、学习需求等诸多因素		
				媒体选用和信息组合得当，能最佳表现教学内容，有很强的感染力，启发性强，能引导学员积极思考，促进学员的学习，提高学习效果		
		教学测评		具备单元练习、测验等考核评价功能，能全面、科学地评估和调查学员的学习情况		
				学员自测时能提供适当的提示或帮助以使其找到答案，有助于学员的理解和改错		
				练习、测评的题型、题量丰富，组卷方便、合理、实用		
	学习支持服务	服务系统		为学员提供学习包，其中包括学习指南和多样性的学习资料		
				对教学资源进行管理，使教师、学员能方便快捷地利用		
				为教师提供比较完善的教师培训计划，定期进行培训；为教师提供教学必需的资料和技术支持		
		监控系统		建立评估体制，对教师工作、学员学习情况进行检查、评估和管理，建立奖惩机制		

（续上表）

一级指标	二级指标		分值	评价标准	得分	备注
平台效用	交互性			具有良好的交互功能，具备检索、解答、自测和讨论答疑、协作等人机交互功能，能满足同步、异步网上教学和协作学习的需要，反馈及时，提供后台服务		
				能保存学员的学习过程、学习结果等，学习记录完整准确，体现良好的网络学习的特点		
	效益性			有一定规模的固定用户、数量增多的浏览者和潜在用户		
				用户的参与度高、学习效率高、满意度高，能使学员真正学到有价值的知识与技能		
				网站安全、可靠，故障少，信息流量大，节省用户时间，网站知名度高，社会影响大，信誉好		
技术性	导航设计			内部链接丰富，所链接的资源丰富并保持新鲜，所链接的资源与主体学科相关，框架清晰，信息组织方式多样，按主题、学科形式、读者对象分类		
	信息组织			信息分类科学、合理，各屏幕所含信息适中、平衡，无过多或过少现象，信息的加工处理、传递富有实效性		
	检索功能			检索方式多样，既可分类浏览、查找，又可直接输入检索词查找；可按题目、作者、关键词等多种途径检索，是否提供高级查询方式（如布尔逻辑等），对所查信息有选择与限定，如对文献类型、出版时间、形式等进行选择、限定连通迅速、等待时间短、下载速度快		

（续上表）

一级指标	二级指标		分值	评价标准	得分	备注
技术性	维护性			具备良好的资源上传、下载功能		
				教学单元、素材、数据或程序模块维护方便，网站维护人员梯队合理，有可持续发展潜能		
	稳定性			管理、使用权限划分合理，具有数据和应用程序的备用及恢复功能，具备监控与防范恶意攻击和防止病毒入侵的功能，网站运行稳定、安全、可靠、快捷		
	学习支持服务	服务系统		为学员提供学习包，其中包括学习指南和多样性的学习资料		
				对教学资源进行管理，使教师、学员能方便快捷地利用		
				为教师提供比较完善的教师培训计划，定期进行培训；为教师提供教学必需的资料和技术支持		
		监控系统		建立评估体系，对教师工作、学员学习情况进行检查、评估和管理，建立奖惩机制		
				对教学网站和教学设施进行维护、管理		

五、实践检验

本评价标准已在广州市中小学教师继续教育网络培训平台中使用，通过使用，大家认为，建立中小学教师继续教育网络培训网站评价标准，对于保证与提高网络教学质量有较明显的针对性和现实意义。评选标准经充分论证、反复研究和多次修改，较全面、客观、合理地反映了继续教育网站的内在要求和教学的基本导向，设计较科学、定位较准确、分类较合理、易于操作，为评选提供了较好的参照。目前还存在一些问题，如仍有个别指标的主流意见不够集中，需进行进一步的专家评议；评价指标和评价点应进一步突出中小学教师继续教育网站的特点；侧重对继续教育网站教学功能的评价，有一定的局限性，需拓展对该网站科研、管理、服务等功能的评价标准的研究。

第二节 对中小学教师继续教育网络培训辅导教师的评价

一、中小学教师继续教育网络培训辅导教师的角色

中小学教师继续教育网络培训过程是个不断改进和提高的过程，只有不断地对辅导教师的工作提出改进意见，不断调整和提高教学质量，网络培训才能获得持续的发展。在网络教学环境中，学员与教师的地位发生了变化，教师成为学员学习的辅助者而不再是主导者。在网络培训过程中，辅导教师负责进行教学内容的设计，制作相关的网络课程、课件，针对学员提出的问题给以解答，根据学员的实际情况，有目的、有计划、有组织地引导学员主动、热情、高效地投入到学习中。辅导教师通过多种手段和方式，为学员提供各种学习咨询服务，及时解决学员的学习问题和其他相关问题；利用电子邮件，主持网络教室讨论区的学习讨论和辅导，定期值机答疑，组织批阅作业等网络指导活动。对教师的评价主要包括五个方面，即师生交互程度、作业与答疑情况、教学活动的组织、学习材料的提供和学员的考试情况。①

二、对中小学教师继续教育网络培训辅导教师的评价的作用及方法

（一）评价的作用

对中小学教师继续教育中辅导教师的工作进行评价，其作用主要表现在以下四个方面：

1. 矫正作用

中小学教师继续教育网络培训对绝大多数辅导教师来说还是一种新的尝试，运用信息反馈的原理对辅导教师进行评价，可以使他们及时获得网络教学过程中的各种信息，及时强化、调节、纠正教学中的问题，增强对网络教学工作的责任感和事业心，养成自觉纠正偏差、调控行为的良好习惯，不断克服教学中的失误和不足，使教学工作不断得到改进和提高。

2. 激励作用

辅导教师都来自高等院校，他们自主意识较强，对他们教学活动的评价可以使他们看到自己的成就与不足，找到成功与失败的原因，从而激发他们发扬成绩、纠正错误的内在动力，增强工作的信心。

---

① 刘月琴．辅导教师在远程教育中的作用［J］．甘肃广播电视大学学报，2001（6）

3. 引导作用

辅导教师评价的目标、指标体系及其标准，为辅导教师指明了进行网络教育教学的努力方向和奋斗目标。评价过程中信息的及时反馈，可使教师的工作不断完善，不断逼近理想目标；评价可以使辅导教师避免工作上的漏洞和失误，确保教学质量，自觉形成按目标要求和步骤进行工作的习惯。

4. 教育作用

评价过程的实质是教育过程。通过评价，辅导教师可以全面搜集信息，客观地认识和评价自己，增强自我意识、自我认识、自我教育、自我控制、自我提高的能力，及时强化自己正确的教育教学行为，调整、纠正不良的教学行为，不断挖掘自己的潜力，发挥自己的聪明才智，更好地实现个体的价值。

（二）评价方法

中小学教师继续教育网络培训辅导教师评价指标是对辅导教师专业素养、信息素养等要求的分项表达，它是实施评价的基本依据。我们将若干指标选项按不同层次组织起来，构成了标准的指标体系。目前，建立标准指标体系的方法很多，这里采用德尔菲法的多轮循环讨论，由专家对指标体系作鉴定与修改，通过小范围的实验性试用，不断修改、完善，最终形成标准的指标体系。

德尔菲法（Delphi）是美国学者德尔菲于 19 世纪 60 年代首创的。此方法的特征是以多轮问卷形式，组织专家共同参与整个标准的研究制定过程，直至大家在标准内容上达成共识。这一研究的程序反复循环，要经多阶段才能完成：策划小组综合每一轮问卷调查所得出的专家意见，作统计分析后，再设计下一轮的问卷内容。每位参与研究的专家必须参与每一阶段的调查，他们均会收到上一轮问卷调查的结果。这样，个别专家可参考其他专家的意见，以回答下一轮的问卷。个别专家可在多轮的问卷调查中，以无记名方式表达和修改个人看法。通过德尔菲法确定的指标体系具有较高的信度和效度，但使用该种方法需要长期的时间与大量精力，而且存在联络组织各位专家长期协同工作的难度。①

三、中小学教师继续教育网络培训辅导教师评价因素

（一）专业教师的素质

从事中小学教师继续教育网络培训的辅导教师应该是高校教师，他们在相关专业领域具有较高的学科水平和教学能力。辅导教师要对文字音像教材、网上课件、课堂教学以及学员的提问、讨论、交流等教学活动进行精心组织和合理安排。在各种教学活动中，学员准备做什么、怎样做、需要多长时间、效果如何反馈等，对这些教学环节、过程、步骤、结果等，教师都要进行精心周密的组织、

① 任颖．现代远程教育教师教学质量评价指标体系研究［D］．华东师范大学硕士学位论文，2005

安排和指导，这样才能更好地发挥各种教学活动的作用，完成全部教学过程。辅导教师不同于主讲教师，他离学员最近，与学员交互最频繁，是“学员的朋友”。他必须具备两种精神——为人师表，诲人不倦和尊重科学，勇于改革创新。他必须是个知识渊博并不断追求新知的人，善于接受新信息、掌握新方法，思想丰富、个性优良。

（二）现代远程教育理论素质

熟悉现代远程教育理论，掌握远程教育规律，对于指导中小学教师继续教育网络培训教学实践具有重要的指导意义。因此，中小学教师继续教育网络培训辅导教师的一个特殊素质要求就是掌握现代远程教育理论。辅导教师要实现教育观念、职业角色、工作内容和方式、知识结构和职业技能等四个方面的转变，通过有目的、有计划、有设想的研究性、探索性实践来进一步丰富和发展现代远程开放教育的理论。总之，要成为一个合格的现代远程教育工作者，必须具备现代远程教育理论素质。①

（三）网络教学准备

教师要为学员创设生话化的网络学习环境，使学习界面简洁、美观，使学员可以调控自己的网络学习环境；准备好教学计划，提前一周公布教学大纲、教材、网络课程表、课程教学信息表。在课程教学信息表中应体现课程多种资源的整合及指导各辅导教师使用的意见。课前应熟悉网络教学环境和教学大纲，将课备好（包括课件的制作），熟练掌握多媒体教学技术，至少经过培训要会使用相关设备和软件。

（四）资源提供方面

①基本资源的提供和更新：辅导教师要把主讲教师讲课内容相关的网站资源提供给学员参考；把讲课的重点内容（在书本中找不到的内容）放在网上，供学员阅读。这些资源的提供可以帮助他们尽快找到适合自己的远程学习方法。②扩展资源的提供：给一些学习基础好、学习条件好的学员提供扩展资源，以满足他们渴望更多知识的愿望。评价教师资源提供的主要依据是教师上传有效资源的数量、质量以及是否经常更新资源，评价辅导教师的主要依据是其组织学员学习的广度和深度、对教学内容的把握程度和满足学员需要的程度。

（五）训练学员掌握学习策略

学习策略在学员的学习中起着重要的作用，尤其是远程教育，对学员的学习能力提出了更高的要求，卓有成效地进行学习策略的培训是提高远程教育质量的有效措施。学习策略包括：①认知和元认知策略。认知策略包括复述、精加工、组织和批判性思维；元认知策略是通过帮助学员在学习中加强自我计划、自我监测和调节等策略来提高学员的学习效果。②资源管理策略包括时间和学习环境，

---

① 张训锋．试论远程教育中辅导教师的定位、职能和素质［J］．新疆广播电视大学学报，2004（1）

结伴学习和寻求帮助等外在学习条件。认知策略与元认知策略是促进学员学习的核心策略，而资源管理策略是促进学员学习的条件保证。心理学研究表明，学习策略是可以学会的，但策略的学习应与教材内容相结合。为了增强学员的学习能力，教师应该训练学员掌握一定的认知策略。教师应运用各种手段激发学员的积极性，把具体的认知策略融合到具体的教学内容中，通过大量的练习使学员掌握这些策略。

为了训练学员掌握学习策略，辅导教师应从学员必须掌握的认知策略入手，包括远程学习观念的转变、远程学习习惯的培养、远程学习技术的操作等理论和实践内容；提供相应的文字材料和网站资源，同时在课程 BBS、值机答疑、作业系统或 e-mail 中与学员交流、讨论；根据主讲教师讲授的重点内容定期推出一些教学问题大讨论，让学员谈学习心得。

（六）网络交互能力的促进

这项指标主要依据教师对学员的关注程度，教师是否有效组织讨论区和聊天室的讨论，是否对学员的讨论情况进行评价，是否及时鼓励学员。学员发言人数、发言量、发言时间等信息能生成教师对学员的关注程度参数，反馈教学策略使用、教学组织情况及学员对教师教学的感兴趣程度。教师浏览学员所提问题的次数及回答的题目数量等信息能生成教师对学员的学习关注程度参数，以及对学员的疑难解决程度参数。系统据此在反馈系统中生成教师调整教学、满足学员学习需要程度的曲线。

（七）教学活动的组织

主要依据登录时间与注销登录时间来确定教师在线教学时间，以及在线教学时是否及时规范和调整学员的学习行为，并对学员的信息搜索与获取进行引导。辅导教师应着力培养学员自主学习的能力，有效地组织、帮助和指导学员进行自主学习，及时确认学员是否完成学习任务，从而促使学员获取新知识并在学习新知识的过程中及时内化知识，形成和发展学习能力，最终达到知识、能力和素质的协调发展。①

（八）网络教学改革与研究

能提出网络教学的新思路，改进网络教学方法、技术；在课程开发和学科教学方法、教学内容上有所创新；积极参加现代远程教育进修或培训，提高远程教学理论水平和能力；开展网上教研或网络教研活动；参与学术会议；对所教科目有所研究；取得现代远程教育研究成果（论文和课题）②。

（九）网络学习支持

在教学过程中，辅导教师应公开课程辅导邮件地址，对学员提出的问题在 24 小时内有回应；公开技术服务邮件地址，对学员的询问在 24 小时内有回应；

---

① 何克抗．教育技术学［M］．北京：北京师范大学出版社，2003．368

② 任颖．现代远程教育教师教学质量评价指标体系研究［D］．华东师范大学硕士学位论文，2005

提供网上练习或测试并有相应的答案。此外，情感支持也是非常重要的一个方面。情感支持主要包括对学员的态度、动机、情感和自信心等方面的支持，它应该体现在认知支持的每个环节中。

四、中小学教师继续教育网络培训辅导教师评价指标体系的构建

影响继续教育网络培训辅导的因素是多方面的，这就要求在建构指标体系结构时，要将各种影响教学质量的因素进行分解，再按照一定的结构将其组织起来，最终形成全面的指标体系。

我们根据专家的意见和对教师、学员的问卷调查，运用德尔菲法构建了中小学教师继续教育网络培训辅导教师评价指标体系。网络培训辅导教师评价指标选项是对教师网络教学价值和质量要求的分项表达，它是实施评价的基本依据。我们将若干指标选项按三层次结构组织起来，构成了标准的指标体系。目前有许多建立标准指标体系的方法，这里运用德尔菲法的多轮循环讨论，由专家对指标体系作鉴定和修改，并通过小范围的实验性试用不断修改完善，最终形成标准的指标体系（见表7－2）。

表7－2　网络培训辅导教师评价标准

一级指标	二级指标	评价标准
网络教学准备	教学环境准备	为学员创设生活化的网络学习环境，学习界面简洁美观；学员可以调控自己的网络学习环境 为学员准备可以进行集体学习的网络环境，学员之间可以交互，教师提供助学，可以网上授课
		网络虚拟班级或学习小组
	教师能力准备	准备教学计划，提前一周公布教学大纲、教材、网络课程表、课程教学信息表。在课程教学信息表中应体现课程多种资源的整合及指导各辅导教师使用的意见
		掌握多媒体教学技术，熟悉网络教学环境；熟悉教学大纲和教材
	学员学习准备	网上学习技能，有明确的措施，使学员掌握网络学习技能以及加深对课程目标的了解，并进行适当培训
		提供常规 e-mail、BBS 、留言板等技术支持系统以及视频等学习手段，提供新的学习技术
	网络教学资源	将课程内容制作成课件，以便在网络教学时使用
		结合课程内容，提供、更新必备的网络教学资料
		提供充足的网络链接，利用与课程有关的网站、资料等外部资源，通过关键词等搜索

（续上表）

一级指标	二级指标	评价标准
网络教学实施	教学组织	按时完成全部课程计划设定的内容，对课程计划的变化要给出说明
		根据教学过程编写教学过程文档，反映教学过程中学员的情况和教师采取的对应措施
		将聊天室、讨论区等交互方式整合到课程中，根据课程内容的特点，运用学员自学、小组协作、集体学习等教学模式
	教学活动	通过流媒体等与学生进行实时互动，提供适当的学习指导、帮助
		利用讨论区、聊天室等工具进行讨论、交流；对讨论交流的方式、过程有明确的要求和安排
		网上发布实践教学的总体设计和实施细则，组织网上模拟实践教学，进行规范操作，写出实践报告
		有明确的作业数量和完成要求，及时公布作业答案；一学期至少有一次对每位学员的作业作详细分析，并作出反馈，提供改进建议和补充信息
		组织网上考试；学员的总成绩中应包括平时作业、利用网络与“教师和同学交流的”表现及期中考试或期末考试三部分成绩
	教学指导	指导学员进行网络自主学习；学员必须参加网上讨论、协作；教师及时解答学员提出的问题
		主动给学员发电子邮件，或在讨论区交流
		教师答疑次数
网络学习支持	学习支持	公开课程辅导邮件地址，对学习问题在24小时内有回应
		公开技术服务邮件地址，对询问在24小时内有回应
		提供网上练习或测试，并有相应的答案
	情感支持	提供动机激励、焦虑化解等心理问题的指导
		在教学过程中不断激发学员的兴趣；反馈意见具有激励性和启发性；鼓励学员教师进行信息交流；提高教师在网上的个人魅力，以产生榜样示范作用
		师生情感交互

（续上表）

一级指标	二级指标	评价标准
网络教学改革与研究	教学实践改革	提出网络教学新思路、网络教学方法，技术有所改进
		在课程开发和学科教学方法、教学内容上有所创新
		学生满意程度
	网络教学研究	参加现代远程教育的进修或培训，提高远程教学理论和能力
		开展网上教研或网络教研活动
		参加学术会议，对所教科目有所研究，取得现代远程教育研究成果（论文和课题）

对辅导教师的评价指标，也是对教学平台的要求，因而上述部分二级指标可以转为对教学平台的评价。

第三节　对中小学教师继续教育网络培训学员的评价

一、中小学教师继续教育网络培训学员评价的概念

在网络学习中，教师怎样才能了解学员的学习情况以便更好地组织网上教学？学员又如何知道自己掌握知识的情况以便调整自己的学习计划和学习方式？这需要借助学员评价。所谓教师继续教育网络培训学员评价，是指根据教学目标，收集在网络环境中学员学习过程的客观资料、信息和数据，对学员的学习态度、学习行为和学习结果进行科学的量化分析，并作出价值判断的过程。其目的在于促进教育与教学改革，使学员得以全面发展。学员评价的过程是通过系统采集和分析信息，对学员的学习行为作出判断，以期达到学员个体价值的增值。

二、中小学教师继续教育网络培训学员评价的基本类型及功能

（一）学员评价的基本类型

依据不同的分类标准，可以对学员评价进行不同的分类。下面主要依据学员评价在教育教学活动中发挥的作用，将其分为四种类型：

三、中小学教师继续教育网络培训学员评价的一般过程与方法

尽管具体的评价活动会由于解决的问题不同、评价的目的和对象不同而呈现不同的形式，但从整体上说，各种形式的教育评价活动都是依循一定的程序进行的。

1. 明确评价的问题

一般来说，具体的评价活动都是为了解决具体的问题而组织实施的。该阶段的主要任务是确定评价活动要解决的主要问题，以加强评价活动的针对性，做到有的放矢。

2. 确定评价的目的

目前的评价大多是目标指向性的评价。所以，在评价之前要确定评价的目的。一方面是确定评价对象应达到的标准，这是指标体系建立的依据；另一方面应确定此次评价是为了评优、考核或是分等级的终结性评价还是以发现问题、诊断提高为目的的形成性评价，或是两者兼有。这将对评价实施及评价结果处理产生影响。评价目的是否明确是影响评价质量和效果的根本因素。

3. 建立评价指标体系

在大多数情况下，评价都是多个指标的综合，即把目标分成若干个子目标，如有必要，还可进一步分为更小的子目标，形成指标体系。如学员学习适应性能力可以分为学习环境、学习心理、学习方式指标。此时，要根据实际情况把目标分解为可以测量或观察的二级甚至三级指标，以保证评价的可实施性。指标体系的建立可采用专家讨论法（K 法、DelPhi 法等）、可达矩阵分解法、主成分或因子分析法、相关分析法来建立。

4. 信息收集

这一阶段的主要任务是围绕评价对象和内容，决定收集什么性质的信息，收集多少数量以及收集、分析信息的方法和手段。一般信息收集的方法有问卷调查法、访谈法、测量法和资料审查法等。在收集过程中，由于人的认知能力的局限性以及教育评价活动的复杂性，评价者往往被大量的信息所包围而失去方向，或因此而无法获取足够的信息。因而，在信息收集过程中，评价者要坚持以评价目的及内容为导向，确保信息收集的有效性。

5. 评价实施

根据收集到的信息，整理资料，进行评分。在评价过程中，要确保评价过程操作的科学性和有效性，比如评价对象、评价数量的抽取以及评分过程的无干扰性和客观性等，以确保评价活动的质量。

6. 评价质量分析

评价过程中必然产生偏差，评价指标体系、实用工具方法、收集过程、资料和参评人员等因素都会给评价带来偏差。评价质量分析的任务就在于估计偏差的

大小，确定评价是否能被接受或是在多大程度上被接受。

7. 评价结果处理

这一阶段主要是对评价信息进行综合性描述、判断，并根据评价要解决的问题与评价目的，对描述、判断的结果作出解释，从而形成综合性的评价意见和建议。①

四、中小学教师继续教育网络培训学员评价要素

学员是学习的主体，网络教学的主要目的是向学员提供学习途径、资源和方法，使学员获得知识与技能，培养学员认知和元认知的策略，使其最终获得发展。因此，对学员的评价是网络教学评价的主要内容。网络教学注重对学员的态度、意义建构过程进行评价，目的在于真正了解学员的学习过程，作出评价和反馈，提出建议。具体来说，对学员的评价主要集中在以下五个方面：

（一）学员的适应性能力

学习适应性（learning adaptability）是指“个体超越学习情境中的障碍的倾向”或“个体克服困难取得较好学习效果的倾向”，也即学习的适应能力。总体来说，学习的适应性包括三个层面，即学习观念的适应性、学习环境的适应性以及学习方式的适应性。

1. 学习观念的适应性

在2000年国家远程教育司的相关研究中，发现学员对远程学习的接受能力和适应能力已成为影响远程学习效果的主要原因之一。从心理层面上讲，基于计算机网络的现代远程教育对于年青一代存在的心理障碍较小，但对于年龄较大的人群，尤其像中小学教师，他们大多是30岁以上的人，由于对计算机网络比较陌生，个别人甚至感到恐惧，对远程学习产生排斥心理，因此，很难较快地适应这种方式。而从学习方式上讲，由于远程学习更多强调独立、自主的个性化学习，因此，这种学习方式可能更多地适合成年的远程学员。

2. 学习环境的适应性

在远程教育发展的过程中，不少教育工作者曾经走入这样的误区，即认为技术越先进，远程教育就一定开展得好。然而，被忽视的一点是，这些信息与通讯技术仅仅是达到教学目的的方法，而目的应是教育性的，而非技术性的。因此，在学习过程中使用这类技术时，应考虑到学员对此的喜好程度，诸如学员可能不习惯阅读文字类的电子材料，因为这类材料会引起视觉疲劳；可能偏好通过电子邮件与教师进行单向交流，而不适应参与公开讨论或答辩等。

3. 学习方式的适应性

在远程学习中，师生之间会出现角色的转换。从理论上说，教师在远程学习

---

① 万华. 远程教育学员评价的研究［D］. 武汉理工大学硕士学位论文，2004

模式中应该退居二线，充当助学者的角色。然而，教师在此过程中的参与程度仍是一个值得商榷的问题。在德国哈根远程大学校长奥托·彼德斯对亚洲学员的研究中发现，“亚洲学员的一个共同之处在于学员习惯于以教师为中心的讲解式的教学方式，习惯于接受教师的指导，习惯于集体学习。他们中的大多数人不习惯自主的学习方式，不习惯自我发展以及对教师持批评的态度。因而亚洲学员基本上不是自治型的而是他治型的学员”。基于这种现实情况，当教师从这种习惯性中完全抽离或者大幅度抽离时，学员就可能出现不适应，无法把握学习方向，或者无法跟进学习进度等，从而影响远程学习的效果。

因此，准确把握在远程学习环境下进行学习的学员的适应程度，分析导致学员不适应的因素，成为保证远程学习质量、提高远程学习效果的关键。

（二）学员学习态度的评价

在网络学习中，尽管我们不能冒昧地说“态度决定一切”，但如果说学员对学习媒介和学习环境的态度很大程度上影响着学习成绩，似乎是没有异议的。有学者的研究表明，学习态度和学习过程之间存在联系，对计算机持积极态度的学员，其学习效果优于对计算机持消极态度的学员。也就是说，学员只有对学习媒介和学习环境持认同感，才有可能主动利用学习资源和学习策略去取得良好的学习成绩。所以，在评价的过程中学员的学习态度是一个相当重要的指标。反映学习态度的主要内容有个人学习计划的制订、除网页文字主教材之外的其他学习媒体的选择、参加该课程必要的面授辅导情况、自主学习笔记和听课记录、参加学习小组讨论和网上学习情况的记录等。

（三）学员参与交流与协作学习能力的评价

师生、生生之间的交往对于任何形式的教学来说都是至关重要的。正如奥托·皮特斯所指出的，如果我们要认真看待远程教育的话，就必须清楚地认识到远程教育并不是仅仅向学员传递教学内容和让学员去阅读各种学习材料。我们必须为学员提供充分的机会进行师生交流。此外，如果我们认识到学习作为一个过程来说，其最终目标是通过知识的传授对学员进行教育，那么，在远程教育的教学过程中，我们就必须重视师生交流和相互作用。交互对于学习动机的激发与保持、对远程学习的成功是极为重要的。在网络教学中，资源和观点可以共享，每个人都可以参加集体讨论，这样的学习过程产生了连续的协同学习的效果。在网络教学中，这样的交流与协作学习，是学员获取并掌握知识的重要手段，并且对于学习动机的激发与保持网络学习的成果极为重要。事实上，e-mail、BBS、聊天室等网络相关技术的不断发展与成熟已使网络环境下的交互相当便捷，在教学设计时应考虑利用这些工具来促进学员与学员、学员与教师、学员与学习材料的交互。对学员交互程度的评价可以通过记录学员利用网络教学支撑平台中的各种交流工具辅助学习进行，如根据讨论区发表的文章（发言）及数据总量等信息，提供给系统学员意义建构过程的信息，提供给他们主动参与教学活动的参数和学习态度的参数；根据聊天室的发言次数及发言数据量为学员提供对所学知识认知程度的信息，提供与他人合作学习的积极主动性的参数。

此外，在网络学习过程中，学员需要向教师或相关专家请教问题是不可避免的情况。通过答疑，学员可以更加深入地理解学习的主题，可以促进知识意义的建构。答疑情况可以通过学员请教的问题数、浏览问题解决的次数以及提供解决方案的次数等信息反映学员对所学知识的理解程度以及主动学习的参数。

（四）学员的信息能力以及对网络资源利用能力评价

1. 信息能力

这是指人们对信息技术的利用能力，即获取信息、加工处理信息以及创造新信息的能力。它包括：

（1）信息工具的使用能力。包括会使用文字处理工具、浏览器和搜索引擎工具、网页制作工具、电子邮件等。在继续教育网络培训中，学员通过做作业、写论文等活动来学习各种浏览器、阅读器、文本转换工具、搜索引擎的使用，提高检索命中率的技巧。

（2）获取信息的能力。它是个体根据自己特定的目的和要求，运用科学的方法，采用多种方式，从外界信息载体中提取自己所需要的有用信息的能力。学员通过订阅专题电子杂志、参与专题论坛，培养自己获取信息的能力。

（3）加工处理信息的能力。个体应具有从特定的目的和新的需求角度，对所获得的信息进行整理、鉴别、筛选、重组，提高信息的使用价值的能力。学员在获得信息后，可以与教师提供的一系列与学习专题有关的官方、权威网站信息相比较，判断信息的时效性与真实性，提高加工处理信息的能力。

（4）创造、传递新信息的能力。个体应有在对所掌握的信息从新角度、深层次加工处理的基础上进行信息创新，从而产生新信息的能力。培养学员运用多媒体手段表达创新与表达信息，从而提高学员创造、传递信息的能力，使学员能自行驾驭信息，为科研与生活服务。学员在培训过程中，利用网络去搜集、分析、处理与课程相关的信息，从而实现知识的探究和问题的解决，调动学员学习的积极性、主动性，培养其参与意识，灵活掌握和运用知识。

2. 资源利用情况

学员利用丰富的课程资源及互联网资源进行学习是网络教学的一大优势，通常这一优势都会被教师充分利用。学员对资源的利用不仅指利用教授或互联网提供的资源，对展现学员的学习过程和意义建构过程来说，更为有效的是学员所上传的数据量。这里的资源包括对课程本身（通常是教师提供）的资源和互联网资源。前者包括对网络教学平台及其中的资源（如问题资源、电子图书馆）的使用情况，如记录学员登录系统的时间及注销登录的时间来确定学员在线学习的时间，通过课程内容页面浏览范围和次数来提供学员学习范围、进度的参数和信息，利用问题资源的浏览情况及电子图书馆资料的浏览来了解学员学习的深度与广度，利用学员向问题中心提交的问题和解决方案、在讨论区或聊天室的发表情况以及在电子图书馆中发表的资料，甚至是对网络课程的修改来搜集学员学习的态度、对学习主题的理解、问题的解决、学习策略的调整以及意义建构的相关信息；后者包括利用浏览器或搜索引擎来浏览互联网资源的情况等。

（五）学员进行在线学习所达到的效果的评价

能够让学员掌握一定的知识和技能是教学的目的，网络教学也不例外。考查学员的知识掌握程度，评价学员通过网络的在线学习所达到的学习成果是衡量在线教学是否成功的重要标准。这样的学习成果的评价，可以帮助学员更好地作出自我评价，同时激发学员参与在线学习的热情；另一方面也可帮助教师根据学员的情况，对在线教学的策略作出适当的调整。对于学习成果的评价主要还是依赖传统的考查方法，如对学员的作业、考试成绩作出考查，不过在网络技术的配合下，考查效率和准确性更高。

1. 作业

根据作业完成情况与得分，提供学员平时知识点掌握程度的信息和作业完成情况的信息，评价系统据此生成反映学员知识点掌握程度的曲线和作业完成情况的提示信息。作业的设计不能只强调对知识点的考查，也应注重对学员问题解决能力的考查。

2. 考试

考试是对学员的网络学习情况作阶段性的评定。对于网络学习来说，考试不是目的，而是一种促进学习的手段。评价系统据此生成学员知识点掌握程度及问题解决情况报表，并对学员的下一步学习提供改进意见。①

总之，对学员网络学习进行评价时，我们应充分重视对师生之间和学员之间相互交往的评价，应对学员完成的作业以及提出的问题提供及时和建设性的反馈评价，应重视对学员的科学研究能力，其中包括资料的搜集、整理和分析能力等的评价。

对学员的评价可以通过教师评价、同伴评价以及学员自评进行，不同的学习方式可以采用不同的评价手段，如协作学习效果的评价，可以通过教师评价、同伴评价和自评实现；而对于自主学习，采用自评手段更为有效。但是在网络环境下，由学员进行的多是自我建构的学习，即使在同样的学习环境中，不同学员，其学习的内容、途径也不尽相同，如何客观公正地对他们学习的结果作出评价就变得相当困难，很明显，对他们实施统一的客观性评价是不合适的。事实上，最为有效的评价是让学员去完成一个真实的任务，并让学员对自己的意义建构情况作出合适的评价。不管是教师评价还是同伴评价，都不能真正决定学员意义建构的评价，而只能用于促进学员的自我评价。

---

① 覃美珍．网络环境下学员学习评价的研究［D］．广西大学硕士学位论文，2005

五、网络学习评价指标体系的建立

鉴于影响网络学习的因素很多，不可能将所有的影响因素都一一列出，这里只是依据网络学习的特点以及网络学习的主要评价内容，制定如表 7－3 所示的二级学员评价指标体系。这是一个学员网络学习评价非量化指标体系，我们把重点放在学员如何有效利用资源，如何与网络环境、协作伙伴的相互作用上，从学习态度、交流与协作、资源利用等几个维度选择了多个项目的学员行为特征来对学员网络学习进行评价。它所关注的是学员在学习过程中的各种行为，通过这些行为来反映诸如学习态度、学习方法、交流与协作等无法量化测定的因素。对学员的学习进行非量化评价，主要是解决如何对学员学习过程中的态度、动机、兴趣等作出定性评价的问题。在这个指标体系中，我们把学习态度、协作与交流、资源利用和学习效果四个方面作为一级指标，每个一级指标包含多个二级指标。

表 7－3　中小学教师继续教育网络培训对学员的评价指标

一级指标	二级指标	评价标准
学员的适应性能力	学习观念的适应性	从心理上喜欢远程学习，能较快适应远程学习方式，比较习惯网络自主学习、协作学习以及网络虚拟教师讲授式学习方式，比较独立学习环境的适应性
	学习环境的适应性	学员在学习过程中适应网络培训模式，习惯阅读文字类的电子材料，习惯利用网络资源进行学习，遇到问题时习惯通过电子邮件、论坛等与教师或者学员进行交流学习方式的适应性
	学习方式的适应性	习惯个体自主的学习方式，习惯自我发展以及对教师持批评的态度
学习态度的评价		基本上能按教师预定的课程学习计划完成学习任务
		愿意与其他学习伙伴相互交流
		能积极参加教师组织的网上教学活动
		能完成一些富有挑战性的任务
		在网络教学模式下能自我管理、自主学习
		能自主地做学习笔记和听课记录
		能积极参加该课程必要的面授辅导

（续上表）

一级指标	二级指标	评价标准
交流与协作		能及时提交课程作业，不敷衍了事
		在作业、测验和考试中没有抄袭、作弊行为
		经常向教师提问
		经常在讨论区内发表与课程有关的意见和见解
		经常与教师交流各种学习上的问题
		对教师提出的问题能及时进行应答
		对教师的反馈能及时进行再反馈
		能积极与其他学习伙伴合作完成课题
		经常对教师的教学工作提出建设性建议
学员的信息能力	信息工具使用能力	会使用文字处理工具、浏览器和搜索引擎工具、网页制作工具、电子邮件等
	获取识别信息能力	能够从外界信息载体中提取自己所需要的有用信息，能够订阅专题电子杂志，参加专题论坛讨论
	加工处理信息能力	应具有从特定的目的和新的需求的角度，对所获得的信息进行整理、鉴别、筛选、重组的能力，提高信息的使用价值，判断信息的时效性与真实性
	创造传递新信息能力	对所掌握的信息在新角度、深层次加工处理的基础上进行创新，从而产生新的信息
		运用多媒体手段表达创新与表达信息，利用网络搜集、分析、处理与课程相关的信息
资源利用情况		曾在系统平台上传过有价值的资源
		能经常在资源库中查询资料
		能经常在笔记本上做一些学习记录
		能有效地选择各种资源进行学习
		能够运用所学到的知识解决实际问题
在线学习效果	作业	学员平时知识点掌握程度
		作业完成情况
		知识点掌握程度
		问题解决情况
		学员平时知识点掌握程度考试
	考试	平时测验成绩，期末考试成绩

思考题

1. 中小学教师继续教育网络培训平台的评价内容主要有哪些?
2. 简单论述中小学教师继续教育网络培训中对学员评价的方法及一般步骤。

第八章 中小学教师继续教育网络远程培训的管理

内容提要

本章主要论述开展中小学教师继续教育网络远程培训的组织形式、管理模式以及课程资源开发的主要方式。本章的主要内容包括：

1. 开展教师网络远程培训的组织形式
2. 地方中小学教师继续教育网络培训的教务、教学管理
3. 中小学教师继续教育网络远程培训的课程资源管理

在一个地区开展中小学教师继续教育网络远程培训，实际上就是办一所学校，我们不妨称之为“网校”。网校的管理与普通学校的管理有相似之处，也有不同的地方。网校的管理是基于互联网的管理，其管理模式尚在探索之中。

第一节 开展教师网络远程培训的组织形式

我国教师网络远程培训是近几年发展起来的新生事物，我国地域辽阔，各地的经济、社会发展的情况不同，沿海地区与西部地区差异较大，但教师网络远程培训的先进性和优越性是明显的，我们应该积极探索和构建现代信息技术环境下教师教育教学与管理的新模式。① 目前，我国中小学教师网络远程培训有三种形式。

一、依托“全国中小学教师继续教育网”开展培训

这种组织形式是由“全国中小学教师继续教育网”提供学习平台、网络课程

① 中华人民共和国教育部．关于“十五”期间教师教育改革与发展的意见［R］．2002

和学习资源，地方合作者提供辅导教师，共同完成培训工作。目前，全国至少有100个省、市加盟，这种组织形式有效地解决了地方因资金不足、经验不足和人员不足而无法开展网络远程培训的问题，达到和全国中小学教师继续教育网资源共享的目的，从而快速起步，把地方的教师培训引导到网络远程培训中来。不足之处是地方可能会过分依赖“全国继教网”，从而失去地方特色；有可能缺乏针对性，也不利于调动地方的积极性。

二、依托地方中小学教师继续教育网开展培训

这种组织形式主要在中小学教师继续教育开展得比较好，地方教育行政部门比较重视教育工作，也重视教师继续教育，资金和措施都比较到位，教育信息化比较发达的沿海经济发达地区，如北京、天津、上海、江苏、浙江、福建、广东等，也有经济欠发达地区，如安徽、陕西、湖北，都采用这种形式。

2003年始，广州市在市教育局的直接领导下，在教育企业的技术支持下，建立起“广州市中小学教师继续教育网”，开始实施中小学教师的网络远程培训。五年期间，在政府、教师培训机构以及教育企业的共同努力下，培训工作得到健康发展，目前已经有18万人次参加了网络远程培训，平均每人参加了两门课程的学习。广州市的工作经验得到了教育部师范司和同行的认可，证明地方组织网络远程培训是可行的。

三、依托学校校园网开展培训

这种组织形式实际上是校本培训的延伸，随着信息技术的普及，以及“校校通”的建成，许多学校具备了网上学习的条件，利用校园网对本校教师进行培训是许多学校的首选。

三种组织形式在开展中小学教师网络远程培训中不是互相排斥的，而是互相补充的。

第二节　地方中小学教师继续教育网络培训的教务、教学管理

开展中小学教师继续教育的主要实施部门是各地级市人民政府，它肩负着主导、指导、协调和督促各级教师培训机构和下属区县教育局搞好教师继续教育的责任。作为地级市的市政府，应该全面规划和实施本市中小学教师的继续教育工作，不断提高教师的教育教学能力和水平。在当今信息时代，如何开展网络远程培训，以信息化带动教师教育的现代化，是摆在市政府教育行政部门面前的重要

课题。下面谈谈在市级层面的中小学教师网络远程培训的纵向管理、教务和教学管理。

一、中小学教师网络远程培训的纵向管理

中小学教师网络远程培训的纵向管理架构：市级教师培训机构—区和县级市教师培训机构—中小学校。

市级培训机构是核心机构，担负开课、教务和教学管理工作。他们是市教育局的直属单位，共同策划本地区的教师继续教育。

区和县级市教师培训机构起桥梁作用，担负着组织本区县教师参加网络远程培训的任务，没有他们的积极性，网络远程培训是无论如何也搞不起来的。从面授培训为主转到以网络远程培训为主的轨道，一方面减轻了区县教师培训机构的负担，尤其是那些机构不那么健全、教师资源匮乏的机构；另一方面，原来由区县做的部分工作被市“抢”去了，也意味着“饭碗”被抢去了，区县教师培训机构会产生怨言，可能采取不配合的态度。考虑到这个实际情况，市教育局应该采取措施，把区县级教师培训机构纳入网络远程教育的实施者的范畴，在培训方式转变的同时，迅速转变角色，从旁观者变为参与者，宣传和组织本区域教师参加网络远程培训，成为本区域教师继续学习的资源中心，让区县级教师培训机构的教师成为网络远程培训课程的制作者和网上培训的辅导者。所收学费的分配，也向区县级教师培训机构倾斜，使他们的积极性充分发挥出来，保证继续教育工作的和谐发展、可持续发展。

中小学校是基层单位，校长是继续教育的第一责任人，而且是校本培训的负责人。必须提高校长组织本校教师参加网络远程培训的积极性，获得他们的理解与支持。由于网络远程培训不受时空的限制，不占用教师在学校的工作时间，这种模式深受校长们的欢迎。

市和区县两级教育行政部门、教师培训机构以及中小学校都应该建立继续教育的领导小组，下设工作小组，以指导和实施继续教育工作，就继续教育实施过程中产生的问题进行研究、协调，及时解决问题，保证继续教育工作的顺利进行，把教师继续教育引向健康的轨道。

二、中小学教师继续教育网络培训的教务和教学管理

网络远程培训是利用网络技术进行的培训，培训管理也应该是利用网络技术进行管理的。在网上进行管理的前提是建设好管理平台。根据教务和教学管理的需求，管理人员和网络技术人员一起商量，共同研究，编写程序，打造适合网络培训的教务和教学管理平台。平台的打造不可能一蹴而就，它需要反复研究、反

复调试、反复试验，没有若干年的磨合，不可能造就一个好用的平台。随着继续教育管理需求的增多，管理平台的功能就越来越强大、越来越完善。

网络远程培训的教务管理有以下基本内容：

1. 编定学号，平台注册

设定教师学号的编号规则，给每一位教师固定的学号和上网的密码，教师姓名和学号是一一对应的。教师离开本市或退休，则进行注销。教师的任职学校指派一名继续教育管理员，负责编排本校教师的学号，并为本单位教师在平台上注册。每年新加入的教师和教师调动而产生的学籍变动也由管理员完成。教师凭学号和密码在平台登陆，参加课程培训，获取教学资源。

2. 平台选课，录取交费

按照学校教学规律，网络远程培训按学期或年进行选课。选课的方式有两种：一是套餐式，为每一位教师在一年或两三年中设计好学习计划，安排好课程，然后按计划进行学习。这种方式是计划经济的模式，带有较强的制约性，在课程资源不够充足的情况下，可以采取这种方式。另一种是自助餐模式，除了政府规定的必修课程，教师可以在实施办法的原则下，自由选课，自主制订学习计划。这实际上就是高校学分制的管理模式。

培训机构按照中小学教师的需求，把经过课程评审委员会审查通过的网络课程挂在网上，供教师选读。

教师选定课程并经培训机构确认之后，可以到培训机构交费或在网上交费。缴费后，教师在规定的开课时间就可以参加课程学习了。网络课程的学习人数，原则上不进行规定，不设上限，尤其是采取网络自动评价的课程，但是一些有教师辅导的课程，考虑到辅导效果和付给教师的酬金，才会设定最多和最少学习人数的限制。

3. 课程考核，成绩管理

课程考核的方式有多种，客观题与主观题相结合，平台评价与辅导教师评价相结合，这在前面的章节已经提到，不再赘述。考核之后，成绩如何管理？有的地方是登记在继续教育的册子上，有的地方是每考核一门课程就打印一张成绩单。这两种做法都未免有失偏颇，人工登记在册子上再盖章的做法非常烦琐，忙不过来。打印成绩发给学员，经常会丢失掉，而需要的时候，又得重新给他们打印。在实践中，广州市中小学教师培训中心采用“成绩放平台，需要随时打”的办法，受到广大学员的欢迎。

这种做法就是把成绩表设计为继续教育证书上的表格，落上培训机构负责人的签名和培训机构的公章，成绩单就存放在教务管理平台，学员需要的时候，输入本人的学号和密码就可以打印出来，需要多少就打印多少。这样既方便了学员随时打印成绩，又减轻了培训机构的人力物力，达到两全其美的效果。

三、中小学教师继续教育网络培训的教学管理

网络培训和面授培训一样，质量永远是第一位的。前面的章节已谈到对教师和学员的评价，作为培训机构，需要配备网络远程培训的教学管理人员，其职责有三：

1. 实时监控教学平台的运行

平台是机器，难免会出现故障。平台的实时监控包括客户服务和平台测试两个方面。客户服务是被动的，主要是接听学员的咨询和投诉电话，及时回答学员提出的网上操作和平台学习上的技术问题。有些问题不能立即解决，值班人员也要把它记录在案，尽快交给相关的业务部门，并尽快加以解决。平台测试是主动的，管理员不定期以培训者身份和学员身份登录平台，随机抽样测试平台的各种功能，主动获得平台运行的信息，从而使平台顺利地运行。

2. 实时监控教师辅导的情况

网络远程培训没有教师面对面的教学，必须让辅导工作弥补这个缺陷，有可能的话，配备辅导教师。我们可以根据对辅导教师的制定评价体系进行实时监控，主要是了解教师在网上辅导的情况，有无尽职尽责，对没有尽职的教师提出改进的要求。课程结束时，我们可以拿到一份对教师辅导工作的评价表，以决定下次还聘不聘用这位教师。

3. 实时监控学员学习的情况

日前，我国大部分中小学教师参加继续教育都是受到政策的驱使，不是很自觉。在参加网络远程培训时，为了减少学习的时间而获得学分，部分学员会钻空子。因此，平台要反映他们实时的学习情况，如上网时长、学习进度、回答思考题、完成客观题以及完成考核作业等指标的情况，对那些有取巧和偷懒行为的学员，例如复制和下载别人文章作为自己的考核作业，辅导教师和培训机构有义务给予提醒，告诉他们网上学习的要求，如果学员仍不遵守学习纪律，就拿不到课程学分。

第三节　中小学教师继续教育网络远程培训的课程资源管理

一、网络课程的开课管理

市级、区县级教师培训机构都是网络课程的开课单位，课程设置根据国家的总体要求，结合本地区的实际情况而开设。国家和地方制定了《中小学教师继续

教育课程开发指南》，指引着课程设置的方向。为了保证开出的课程符合基础教育改革的需要，市和区县都应该设立课程评审委员会，讨论每期由培训机构开出的课程，通过之后才能提供给学员选读。

开课之前，网络课程必须通过平台的试运行，确保课程能够正常运行。

二、网络课程的开发管理

教师继续教育的课程开发是一大难题，难在哪里？一是内容要求高，参培的对象大部分是本科（或以上）毕业的，因此，课程不可能重复本科课程内容，应该比本科课程的要求还要高；二是参培对象都有丰富的一线教学经验，我们的课程必须具有较强的针对性和实效性，不甚了解中小学教学情况的培训机构的教师根本不可能开出受学员欢迎的课程；三是基础教育的改革发展较快，培训机构的教师也必须与时俱进，课程的更新率高，淘汰率高，课程的更新往往赶不上淘汰的速度。

为了解决课程资源匮乏的问题，广州市中小学教师培训中心在市政府的大力支持下，采取以下六项切实可行的措施来充实网络课程资源：

（1）发动本地教师自己制作网络课程。

（2）委托国内大学定向开发制作网络课程。

（3）与国内兄弟院校交流网络课程，互通有无。

（4）购买教育部推荐使用的优秀网络课程。

（5）购买并改造优秀教学课例录像成为网络课程。

（6）与全国中小学教师继续教育网合作，使用他们提供的网络课程。

上述办法基本满足了本市教师参加网络远程培训的课程资源的需求。

结合地方基础教育改革的实际，我们还是提倡本市教师自己动手制作地方课程，提高课程内容的适用性。这些反映地方特色的课程可以增加学员的学习亲切感。

三、网络课程的著作权归属问题

在制作网络课程的时候，首先碰到的就是网络课程的著作权问题——这门课程的著作权属于作者本人，还是属于出资者——教育行政部门？这是一个敏感的问题，也是制约我们开发网络课程的瓶颈。如果处理得不好，就会使我们陷入版权纠纷。这里涉及的网络课程都假设是由教育行政部门出资（基本如此）和有关教师制作，如果是教师本人出资制作，那就另当别论。

目前国内还没有关于网络课程著作权问题的明确规定，但是借助《中华人民共和国著作权法》，可以把中小学教师继续教育网络课程的著作权归属问题加以明晰。

1. 网络课程的性质

网络课程是由教育行政部门出资，由教师培训机构组织，并由公民根据地方中小学教师继续教育的任务所创作的作品，因此，网络课程的性质属于“职务作品”。

2. 网络课程的作者

由职务作品主要课程编写者和技术制作者创作完成，编课者和技术制作者是网络课程的作者。作者具有署名权。

3. 网络课程的著作权

根据《中华人民共和国著作权法》第十六条，除署名权之外的其他著作权，通过协议加以规定。

4. 网络课程的使用权

地方教育行政部门有权在开展本市中小学教师继续教育的范围内优先使用作品。在作品完成两年内，未经地方教育行政部门同意，作者不得许可第三人以与地方教育行政部门使用的相同方式使用该作品。

5. 网络课程制作协议

网络课程制作之前，制作者要与教育行政部门草签一份网络课程制作和使用的协议。课程制作完成之后，制作者要与教育行政部门正式签订一份网络课程的使用协议。

第四节　三项重要的管理

中小学教师网络远程培训在我国刚刚开始，方兴未艾，要实现教师教育的现代化，没有前人的经验可以借鉴，在管理上还需要下很大工夫，尤其是以下三项管理工作一定不可忽视。

一、重视教师基本信息管理

中小学教师继续教育不光是教育行政部门的事情，提高教师素质是每一所学校的责任。为了保证教师信息的可靠性和准确性，中小学校要指派专人负责本校教师的平台注册，有教师新来或退休、调动的，要及时变更信息，这需要学校领导高度重视，必要时教育行政部门进行监督，确保教师基本信息的准确性。广州市教育局组织人事处按照国家人事局对事业单位人事档案的要求，花大力气完善教师基本信息，把继续教育的教师信息与人事档案信息结合起来，在继续教育中最大限度地利用这个资源。

二、加强网络平台管理

网络平台是实现网络远程培训的基本条件，没有平台的支撑，就没有网络远程培训。平台的稳定性、科学性和先进性是构成平台生命力的基本要素。开展地方中小学教师网络远程培训，综合管理平台与教学平台都应该是先进的平台，其功能也应该是比较完善的。经常虚心地学习先进地区的经验，经常倾听培训者与学员的呼声，经常完善平台的各项功能，是搞好网络远程培训的基础性工作。

三、教师网络远程培训管理体制创新

地方中小学教师继续教育的网络远程培训，搞得好不好，能不能坚持下去，建立合理的管理体制是一个大问题。

传统的培训都是由一个学校负责，从开课到课程结束，都在一个学校完成。但是开展教师的网络远程培训，由于网络平台是先进的计算机网络，数以百计电脑的使用和运行、平台的管理和功能的完善、网络课程的播放以及学习数据的统计，都需要很多专业技术人员参与维护。中小学教师在学习过程中，在人机对话中，一天 24 小时会产生数不胜数的问题，需要及时得到网站人员的帮助和服务。所有这些工作，如果把它放在一个学校，即使领导给你增加几个人的编制，也无济于事，远不能满足网络远程教育的需要。因此，从 2003 年开始，广州市教育局大胆创新管理模式，采取“政府部门指导、教育企业运营、培训机构实施”三结合的办法，确保了教师网络远程培训的健康与可持续发展。

思考题

1. 我国中小学教师网络远程培训有哪三种基本模式？你认为它们各自的优越性和局限性在哪里？

2. 我国开展中小学教师继续教育的主要实施部门是哪个？中小学教师继续教育网络培训的教务管理与打造的教务、教学管理平台结构功能之间会出现差距，应该怎样协调、解决？

3. 网络课程的著作权属于作者本人还是属于作为出资者的教育行政部门？这个问题如何处理才能得到更好的解决？

参考文献

1. 刘幸，李盛聪．德斯蒙德·基更．远程教育思想研究［J］．河北大学成人教育学院学报，2007（2）
2. 丁兴富．论远程学习的理论和模式［J］．开放教育研究，2006（3）
3. 王长纯．教师专业化发展：对教师的重新发现［J］．教育研究，2001（11）
4. 朱益明．论中小学教师继续教育的内容与对策［J］．教育发展研究，1998（10）
5. 王全乐．论我国中小学教师继续教育制度的确立和发展［J］．保定师范专科学校学报，2003（3）
6. 孙建明．新世纪中小学教师继续教育若干变革及发展建议［J］．上海教育科研，2007（6）
7. 盛宾．近年美英中小学教师继续教育的发展特点及启示［J］．继续教育研究，2005（2）
8. 吴民祥．略论我国中小学教师继续教育的现状及发展趋势［J］．教育理论与实践，2003（19）
9. 张贵新．我国中小学教师继续教育发展的几个阶段［J］．中学语文教学参考，2001（2）
10. 联合国教科文组织总部中文科．教育——财富蕴藏其中：国际21世纪教育委员会报告［M］．北京：教育科学出版社，1996
11. 李克东．新编现代教育技术基础［M］．上海：华东师范大学出版社，2002
12. 何克抗．教育技术学［M］．北京：北京师范大学出版社，2003
13. 何克抗．现代教育技术［M］．北京：北京师范大学出版社，1998
14. 南国农．电化教育学（第二版）［M］．北京：高等教育出版社，1998
15. 张家祥．跨世纪中国沿海发达地区中学教师继续教育研究［M］．杭州：浙江大学出版社，2001
16. 中华人民共和国教育部．中小学教师继续教育规定［R］．1999
17. 中华人民共和国教育部．关于“十五”期间教师教育改革与发展的意见［R］．2002
18. 广东省人民政府．广东省中小学教师继续教育规定［R］．1999
19. 中华人民共和国教育部．CELTS－31：教育资源建设技术规范［S］．2002
20. 何克抗．现代教育技术和优质网络课程的设计与开发［J］．中国大学教学，

2005（1）
21. 李克东. 数字化学习——信息技术与课程整合的核心［J］. 电化教育研究，2001（8）
22. 叶澜. 清思、反思、再思——关于“素质教育是什么”的再认识［J］. 人民教育，2007（2）
23. 李富潮. 广州市继续教育课程 WWW 远程教学模式的探讨［J］. 广州大学学报，2003（6）
24. 邵光华. 教师专业发展取向的观课活动［J］. 教育研究，2003（9）
25. 刘慧. 国外中小学教师在职教育和培训的比较与启示［J］. 教育探索，2001（11）
26. 张贵新. 对教师专业化的理念、现实与未来的探讨［J］. 外国教育研究，2002（2）
27. 石铁峰. 谈远程网络教学平台的设计与实现［J］. 教育与职业，2007（4）
28. 张榕玲，杨改学. 网络环境下协作式学习模式的探讨［J］. 教书育人，2006（7）
29. 王小平. 网络环境下基于合作的协作学习模式的构建与应用［J］. 现代教育技术，2004（4）
30. 翟蓉. 基于网络的协作学习模式的研究［J］. 北京邮电大学学报（社会科学版），2005（1）
31. 王海燕，鲍洪晶. 教学网站有效性评价问题研究［J］. 现代教育技术，2003（4）
32. 周梅群，吴华. 教育网站评价指标体系设计之研究［J］. 电化教育研究，2004（8）
33. 刘月琴. 辅导教师在远程教育中的作用［J］. 甘肃广播电视大学学报，2001（6）
34. 张训锋. 试论远程教育中辅导教师的定位、职能和素质［J］. 新疆广播电视大学学报，2004（1）
35. 张红军. 流媒体技术在现代远程多媒体教学中应用模式的研究与实现［D］. 南京师范大学硕士学位论文，2003
36. 肖金芳. 可视化教学平台的构建研究［D］. 南京师范大学硕士学位论文，2006
37. 徐光涛. 中小学专题学习网站生成系统的设计开发与应用研究［D］. 华南师范大学硕士学位论文，2004
38. 王俐. 西北师范大学继续教育学员远程教学平台的搭建［D］. 西北师范大学硕士学位论文，2004
39. 任颖. 现代远程教育教师教学质量评价指标体系研究［D］. 华东师范大学硕士学位论文，2005
40. 覃美珍. 网络环境下学员学习评价的研究［D］. 广西大学硕士学位论文，2005
41. 万华. 远程教育学员评价的研究［D］. 武汉理工大学硕士学位论文，2004

后 记

随着教育改革的深入，教师的专业发展备受关注。教师的专业发展受到多种因素的影响，并通过多种途径来实现、体现。教师的继续教育是教师专业发展不可或缺的重要内容，而教师的网络远程培训是近年来开展教师继续教育的新模式。作为“沿海经济发达地区中心城市教师专业发展推进策略与模式研究”课题研究成果——“教师专业发展丛书”中的一本，为了不重复，本书没有花太多笔墨探讨教师专业发展本身，而是把重点放在探讨教师的网络远程培训。

本书通过分析教师网络远程培训的现实需求，在回顾我国中小学教师继续教育发展历程的基础上，着重对教师网络远程培训的七个方面进行了探讨：物质条件、基本特性、网络资源、平台建设、培训模式、培训评价和培训管理。

在编写过程中，我们始终立足于我国中小学教师继续教育的实践，尤其是近年来的网络远程实践，努力对我们的实践进行总结和提升，企望能为广大的教师、中小学教师培训机构和教师继续教育的主管部门提供有益的参考。

本书是集体合作的结果。各章撰稿人分别是：蓝培安（第一章、第二章、第八章），李富潮（第三章、第四章），吕贵香（第五章、第六章、第七章）。蓝培安与李富潮负责全书的统稿工作，最后由蓝培安定稿。

本书引用了不少专家学者的思想和观点，在此表示由衷的感谢。在本书的后面列举了主要的参考文献，若有遗漏之处，敬请原作者予以谅解。广州大学教育学院曹卫真教授为本书的撰写提出了很多有益的建议，在此一并表示衷心的感谢。

教师的专业化在不断地发展，中小学教师的网络远程培训模式方兴未艾，全国教师教育专家也在不断地探索和实践。本书的出版是抛砖引玉，希望能引起广大教师教育工作者、广大中小学教师的关注和指教，以促进我国中小学教师继续教育、教师专业化事业的健康发展。

编 者

2009 年 1 月于广州

图书在版编目（CIP）数据

教师专业发展与网络远程培训：中小学教师继续教育网络远程培训的理论与实践/蓝培安主编；李富潮，吕贵香副主编. —广州：暨南大学出版社，2009.3
（教师专业发展丛书）
ISBN 978-7-81135-213-9

Ⅰ.教… Ⅱ.①蓝…②李…③吕… Ⅲ.互联网络—应用—中小学—教师—终身教育：远距离教育—研究 Ⅳ.G635.1

中国版本图书馆 CIP 数据核字(2009)第 034087 号

出版发行：暨南大学出版社

地　址：中国广州暨南大学
电　话：总编室（8620）85221601
营销部（8620）85225284　85228291　85220693（邮购）
传　真：（8620）85221583（办公室）　85223774（营销部）
邮　编：510630
网　址：http：//www.jnupress.com　http：//press.jnu.edu.cn

排　版：广州市天河星辰文化发展部照排中心
印　刷：广东省农垦总局印刷厂

开　本：787mm×1092mm　1/16
印　张：8.75
字　数：180 千
版　次：2009 年 3 月第 1 版
印　次：2009 年 3 月第 1 次
印　数：1—5000 册

定　价：19.00 元